应用型本科系列规划教材

汽车服务经营模式创新方法训练

主　编　刘旭娟
副主编　吴　玲　赵炜华　武　文

西北工业大学出版社

西安

【内容简介】 本书以创新思维作为切入点，分别结合汽车服务领域中汽车维修、汽车美容与养护、汽车金融、汽车保险、汽车租赁、二手车市场及新能源汽车市场，详细介绍汽车服务各经营模式的基础知识及最新进展，学生可通过运用已学过的基础知识，参考典型创新实例，发散思维，提高创新实践能力。本书内容涵盖面广，简明易懂，每一章节均附有案例，更具启发性和实用性。

本书可作为应用型本科院校及职业学校创新创业课程的教材，也可作为汽车企业技术及管理人员的参考书。

图书在版编目(CIP)数据

汽车服务经营模式创新方法训练/刘旭娟主编. —西安：西北工业大学出版社，2020.5
ISBN 978-7-5612-7068-4

Ⅰ.①汽… Ⅱ.①刘… Ⅲ.①汽车工业-销售管理-商业服务-高等学校-教材 Ⅳ.①F407.471.5

中国版本图书馆 CIP 数据核字(2020)第 065454 号

QICHE FUWU JINGYING MOSHI CHUANGXIN FANGFA XUNLIAN
汽车服务经营模式创新方法训练

责任编辑：李阿盟　王尧		**策划编辑**：蒋民昌	
责任校对：朱辰浩		**装帧设计**：董晓伟	
出版发行：西北工业大学出版社			
通信地址：西安市友谊西路127号		邮编：710072	
电　　话：(029)88491757，88493844			
网　　址：www.nwpup.com			
印刷者：陕西向阳印务有限公司			
开　　本：787 mm×1 092 mm		1/16	
印　　张：6.75			
字　　数：177千字			
版　　次：2020年5月第1版		2020年5月第1次印刷	
定　　价：25.00元			

如有印装问题请与出版社联系调换

前　言

为进一步提高应用型本科高等教育的教学水平,促进应用型人才的培养工作,提升学生的实践能力和创新能力,提高应用型本科教材的建设和管理水平,西安航空学院与国内其他高校、科研院所、企业进行深入探讨和研究,编写了"应用型本科系列规划教材",包括《汽车服务经营模式创新方法训练》共计 30 种。本系列教材的出版,将对基于生产实际,符合市场人才的培养工作具有积极的促进作用。

在全新的互联网＋时代,创新创业早已成为大家共同关注的热点。创新创业教育要求明确人才培养目标,促进专业教育与创新创业教育有机融合,在传授专业知识的过程中加强创新创业教育。目前,各高校和社会上涌现出了大量的创业者,他们迫切希望学习创新创业相关的基础理论知识,并将其应用到实践中。本书正是为适应时代发展需要而编写的。

本书编写特色如下：

(1)内容新颖全面。本书根据互联网＋创新创业人才培养的特色进行编写,从理论基础到专业技能再到创新实践构建全书的课程体系。紧贴创新创业教育人才培养能力需求,精心策划教学内容。

(2)实用价值较高。对于汽服专业的本科生来说,掌握汽服领域创新管理的基本知识和方法,是适应知识化、信息化和全球化的发展趋势,成为高素质汽车服务人才的迫切需要。本书侧重创新案例的引入,通过理论教学与案例的紧密结合,发散思维,培养学生从事技术创新的实践能力。

(3)内容知识面广,综合性强。本书涵盖了汽车服务领域中汽车维修、汽车美容与养护、汽车金融、汽车保险、汽车租赁、二手车市场及新能源汽车市场的基础知识,详细介绍汽车企业技术创新的主要模式及其各自特点,深入浅出,力图为学生和企业技术管理人员提供一整套的创新思路与方法。

本书的主要对象为应用型本科院校及职业学校学生、汽车企业技术管理人员以及从事汽车服务领域创新创业的人员。

陕西瑞鑫汽车销售有限责任公司作为西安航空学院校外实习基地,多年来承担该校汽车服务工程专业学生的实习工作。在本书的编写过程中,该企业负责人王莹给予了诸多宝贵建议。另外,本书参考了相关著作、文献和期刊等,在此向其作者表示诚挚的感谢!

本书由刘旭娟任主编。赵炜华、武文负责第一章的编写;吴玲负责第二章和第四章的编写;刘旭娟负责第三章、第五至八章的编写以及全书的统筹、校稿和定稿工作。

由于水平及其他条件的限制,书中难免存在一些不足之处,恳请同行专家及读者批评指正。

编 者

2020 年 2 月

目　　录

第一章　概论 ··· 1
　　第一节　汽车服务的概念 ··· 1
　　第二节　汽车服务市场现状及发展趋势 ······································· 1

第二章　汽车维修企业经营模式分析与创新 ······································· 5
　　第一节　汽车维修的概念和发展历程 ··· 5
　　第二节　汽车维修企业经营模式分析 ··· 7
　　第三节　汽车维修企业现状分析与展望 ······································ 10
　　第四节　汽车维修创新经营模式实例 ·· 14

第三章　汽车美容与养护经营模式分析与创新 ···································· 19
　　第一节　汽车美容与养护的概念与内涵 ······································ 19
　　第二节　我国汽车美容与养护业现状分析 ···································· 20
　　第三节　汽车美容与养护经营模式分析 ······································ 21
　　第四节　汽车美容与养护创新经营模式实例 ·································· 26

第四章　汽车金融企业经营模式分析与创新 ······································ 28
　　第一节　汽车金融 ·· 28
　　第二节　汽车金融公司 ·· 29
　　第三节　汽车金融产品的设计与开发 ·· 36
　　第四节　汽车金融创新模式 ·· 38
　　第五节　汽车金融创新经营模式实例 ·· 42

第五章　汽车保险经营模式分析与创新 ·· 44
　　第一节　汽车保险的概念及发展历程 ·· 44
　　第二节　我国汽车保险市场现状分析 ·· 46
　　第三节　我国汽车保险经营模式分析 ·· 49

第四节　汽车保险创新经营模式实例 …………………………………… 51

第六章　汽车租赁经营模式分析与创新 ………………………………………… 55
　　第一节　汽车租赁的概念及意义 …………………………………………… 55
　　第二节　汽车租赁市场现状分析 …………………………………………… 56
　　第三节　汽车租赁经营模式分析 …………………………………………… 59
　　第四节　汽车租赁创新模式实例 …………………………………………… 62

第七章　二手车市场经营模式分析与创新 ……………………………………… 66
　　第一节　二手车市场的概念及背景 ………………………………………… 66
　　第二节　二手车市场现状分析 ……………………………………………… 67
　　第三节　二手车电商经营模式分析 ………………………………………… 70
　　第四节　二手车市场创新经营模式分析 …………………………………… 73

第八章　新能源汽车市场经营模式分析与创新 ………………………………… 76
　　第一节　新能源汽车市场概述 ……………………………………………… 76
　　第二节　新能源汽车市场服务模式及配套基础设施建设 ………………… 84
　　第三节　新能源汽车服务创新的政策驱动力 ……………………………… 91
　　第四节　中国新能源汽车市场服务创新探索 ……………………………… 96
　　第五节　新能源汽车市场服务创新实例 …………………………………… 99

参考文献 …………………………………………………………………………… 101

第一章 概 论

第一节 汽车服务的概念

几乎每一个人对"服务"一词都不会陌生,很多学者也都给它下过定义,但由于它应用的范围越来越广泛,难以简单概括,所以直到今天,对于其概念在理论上尚未有统一的界定。

1960年,美国市场营销协会(AMA)定义"服务"为"用于出售或同产品连在一起进行出售的活动、利益或满足感"。这一定义曾在一段时间里被人们广泛采用。

1974年,斯坦通(Stanton)指出:"服务是一种特殊的无形活动。它向顾客或工业用户提供所需的满足感,它与其他产品销售和其他服务并无必然联系。"

1983年,莱特南(Lehtinen)认为:"服务是与某个中介人或机器设备相互作用并为消费者提供满足感的一种或一系列活动。"

1990年,格鲁诺斯(Gronroos)给服务下的定义是:"服务是以无形的方式,在顾客与服务职员、有形资源等产品或服务系统之间发生的,可以解决顾客问题的一种或一系列行为。"

当代市场营销学泰斗菲利普·科特勒(Philip Kotler)给服务下的定义是:"一方提供给另一方的不可感知且不导致任何所有权转移的活动或利益,它在本质上是无形的,它的产生可能与实际产品有关,也可能无关。"我们也可以这样来理解服务:服务就是本着诚恳的态度,为别人着想,为别人提供方便或帮助。

服务的理论在通信、交通运输、金融、装备制造、地产、家电及旅游等行业已有体系化的研究和种类繁多的应用,但在汽车领域的研究及持续创新仍然较为薄弱。

广义的汽车服务包括了消费者自购车到车辆报废周期内围绕各个售后环节衍生出的全部技术的和非技术的各类服务,这些服务包括维修、保养、零配件和美容等方面。狭义的汽车服务仅围绕汽车维修保养展开。本书所述的服务模式创新聚焦于广义的汽车服务领域,包含汽车维修、汽车美容与养护、汽车金融、汽车保险、汽车租赁、二手车市场及新能源汽车服务。

第二节 汽车服务市场现状及发展趋势

一、汽车服务市场现状分析

自2009年中国汽车销量超越美国以来,中国已连续10年蝉联全球汽车产销第一,但2018年中国新车销量出现了历史性拐点,首次出现了负增长。相关资料显示,2018中国全年汽车销量 2 808 万辆,同比下降 2.8%;2019 年销售 2 576.9 万辆,同比下降 8.2%,连续两年下滑。2020 年受新冠肺炎疫情影响,新车产销量更是雪上加霜,据统计,2020 年 1—2 月,中国汽车累计销量仅为 223.8 万辆,同比下降 42%。国际信用评级机构穆迪投资者服务公司预计,2020 年中国汽车销量将下降 2.9%,全球汽车销量将下降 14%。新车增长失速直接导致参与者盈利下滑甚至亏损。另外,根据中国汽车流通协会的数据显示,2017 年,经销商新车毛利润有 5.5%,2018 年便降至 0.4%;亏损经销商占比则从 2017 年的 11.4% 扩大至 39.3%;进入 2020 年,盈利面临恶化的经销商比例仍在继续扩大,而新车毛利率则转负。当前汽车销量与销售利润增长遭遇瓶颈,使得产业内企业的目光纷纷投向了汽车服务市场。

2019 年中国汽车保有量达 2.6 亿辆,其中,私家车(私人小微型载客汽车)保有量达 2.07 亿辆,首次突破 2 亿辆。2020 年超过美国成为全球最大汽车保有量市场已成定局,如图 1-1 所示。

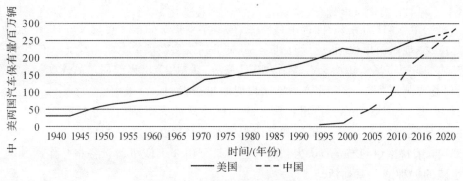

图 1-1 中、美两国汽车保有量对比

目前,中国保有车辆平均车龄约为 4.9 年,并且随着进入存量市场平均车龄还在持续增长。对照国际市场用车经验,车龄超过 5 年后将迎来大型维修保养高峰期。同时随着中国汽车制造业逐渐走向成熟,耐用性和汽车质量的改善也不断延长了车辆平均生命周期。汽车保有量增加、车龄增长双效驱动汽车服务市场高速发展,使其逐渐成为新的产业焦点。

综上所述,虽然中国新车销量失速,整车厂和经销商利润下滑,但汽车保有量和平均车龄稳中有升,使得汽车服务市场成为汽车产业下一个重要焦点。因此,深度开发和挖掘存量市场,大力拓展服务创新已成为整个汽车产业利润的增长支撑点。

二、汽车服务市场存在的主要问题

汽车市场由"增量时代"逐步进入"存量时代",汽车服务市场发展潜力凸显,成为全产业链利润主要来源,同时仍存在一些不可忽视的主要问题。

(1)服务理念淡薄。随着汽车消费市场进入个个家庭时代,汽车消费需求特征产生较大变化。例如:需求价格弹性大、质量保证需求细、售后服务要求高等,但在国内从事汽车服务产业的人员,尤其是清洗、保养及维修人员,并没有将"客户满意度第一"的服务理念放在首位,从而造成某些消费者汽车服务体验差。

(2)汽车服务企业经营模式落后。由于受到我国国情与国土面积的限制,很多汽车服务企业都是独立经营的,所以无法使用连锁经营模式,这也加大了政府对汽车服务企业的监管难度,无论是传统的 4S 店、路边普通维修店,还是国内连锁汽车服务企业,大多都没有使用网络化服务,导致产业服务价格不透明,消费者无法根据自身需求进行选择。

(3) 法制建设不完善。各服务企业间没有统一的管理,没有专门的监管制度,导致汽车服务企业存在"散、乱、差"的现象。汽车服务企业没有统一评价服务质量的标准,因此导致部分企业服务水平低。

(4) 服务质量差,服务周期长。目前,我国汽车服务行业,传统4S店服务质量相对较高,但服务费用也比较昂贵,很多消费者通常会选择普通维修店进行汽车的维修保养。但普通维修店受企业自身规模与资金等问题限制,很多昂贵汽车的零部件都需要临时向零部件厂家订货,这就导致普通汽车服务企业的服务周期被拉长,资金回转周期也因此变长,不仅降低了汽车服务企业的服务水平,还会提高汽车服务企业自身的经营风险。此外,很多不法企业为了自身的利益,会使用不达标的汽车零部件,导致维修质量降低,严重影响了汽车服务企业及行业整体的发展。

(5) 汽车行业"新四化"(电动化、网联化、智能化、共享化)带来的挑战。随着汽车行业"新四化"的迈进和用户需求的升级,汽车服务领域也迎来全领域进化。如何利用互联网、智能化等先进技术为客户提供更良好的服务体验是汽车服务企业均要面对的难题。

为了解决以上问题,达到全面提升客户服务体验,增强服务企业核心竞争力,增加企业利润的目的,除了坚持以人为本,强化员工服务理念,完善服务环节外,汽车服务企业全面改革创新无疑将是其未来生存发展的必由之路。

三、未来中国汽车服务市场发展趋势

1. 市场规模和利润贡献度继续扩大

中国汽车服务市场总规模将达到约1万亿元人民币,而且利润贡献度将继续提升。预计服务利润占经销商总利润的比例将达到80%左右。

2. 相关法律法规推动行业继续开放

具体法律法规的推行时间、力度和广度将是汽车服务市场中各利益相关方博弈的着力点,值得各方积极研究和提前布局。

3. 同质配件认证将被广泛认可,并将趋于集中管理

随着经认证的同质配件被越来越多的消费者认可,同质配件认证的范围将越来越广泛,这将导致认证资质趋于集中在行业的领导者,不排除国家相关主管机构将统一认证标准或平台的可能性。

4. 新技术应用将更加普遍,数据分析将日益重要

以车联网、移动互联技术、大数据、线上支付等为代表的新技术或新应用将逐渐成为与汽车服务相关的"标配"技术。另外,新能源汽车的不断发展,也将推动一些创新技术在汽车服务领域的广泛应用。

5. 消费者需求更加多样化

随着汽车消费的普及,车主或车辆使用者的年轻化日益明显。与汽车消费普及初期对汽车服务相对谨慎的需求相比,年轻消费群体在追求个性化的互联网文化影响下,将从之前追求

无差异的"标准化服务"向"随时、随地、随需"的定制化服务需求转变。

6. 售后服务商业模式将全面O2O化

自2014年以来,几乎所有的汽车服务领域创业项目都以O2O(Online to Offline,线上到线下)模式为基础,在大数据分析技术的帮助下,汽车服务企业将利用O2O的商业模式继续扩大覆盖的配件品类,从而深刻影响整个汽车服务行业。

未来汽车服务市场潜力巨大,但仍面临诸多挑战和风险。唯创新者进,唯创新者强,唯创新者胜。以客户为中心的价值取向及基于数据的个性化产品与服务,不断加快技术创新、业态创新和品牌创新将是汽车服务企业走出困境,保持持续增长的核心竞争力。

第二章 汽车维修企业经营模式分析与创新

近几年随着人均收入的增高,人民生活水平不断提高,我国私家车人均保有量有了飞速增长,我国汽车制造行业也随之飞速发展。公开数据显示,2009年中国汽车销量首次突破千万辆级大关,并且以每年20%以上的增速发展。这是国内汽车市场的里程碑,同时也是行业爆发期开始的标志性事件之一。与这种飞速增长相对应的是汽车厂商的生产量也飞速增加,在这种大环境的激烈竞争中,中国汽车厂商的销售利润在一波又一波的降价潮中大幅缩减,暴利时代逐渐走向终结。而私家车的巨大保有量导致汽车售后服务业的提前到来,因其发展空间十分巨大,被誉为"朝阳产业中的朝阳产业"。

汽车出保后进入高频次维修的阶段一般要从购车第4年开始,因此2013年成为了汽车后市场元年。有关数据表明,这一年汽车后市场规模就达到了6 000亿元,2014年超过7 000亿元,并逐年大幅递增。作为汽车售后服务业重要组成的汽车维修企业,面对着后汽车时代的提前到来,面临着巨大的挑战,同时也面对着巨大的优势和机遇。但是,现如今汽车维修与以往又有了很大的差别,随着自诊断技术和电子控制技术在汽车维修上的运用,如今的汽车修理已经不再是仅仅把汽车出现的问题修理好那么简单,而是需要对可能即将出现的故障提出应对策略及解决办法,这也对汽车维修工人的技术水平有了更高的要求。

第一节 汽车维修的概念和发展历程

一、汽车维修的概念

汽车维修是汽车维护和修理的统称。

汽车维护是为维持汽车良好技术状况和工作能力而进行的维护性作业。通过定期清洁、检查、紧固、调整、润滑等作业,降低零件的磨损速率,预防故障发生,维持车辆良好的技术状况。现今的汽车维护涵盖发动机、变速箱、底盘、冷却系统、燃油系统等范围。

汽车修理是为了恢复汽车完好技术状况或工作能力和寿命而进行的恢复性作业。其目的是恢复汽车在使用过程中,由于机件的自然磨损、故障和其他损伤而丧失的工作能力。其作业内容是对超过允许极限尺寸的零件、总成进行修理或更换,以恢复汽车的良好技术状况。汽车修理按作业范围可分为车辆大修、总成大修、车辆小修和零件修理四大类。

二、中国汽车维修市场的发展历程

中国汽车维修市场的发展历程较短,而近20年历经了高速发展已经一跃成为全球最大的后市场之一,其发展历程大致可总结为以下四个发展阶段,如图2-1所示。

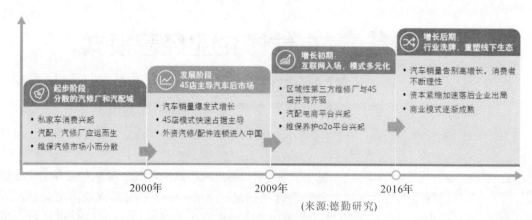

(来源:德勤研究)

图2-1 中国汽车维修市场发展历程

1. 20世纪90年代:汽车服务萌芽期,服务对象主要是公务车,汽配、汽修厂开始萌芽

当时中国的私家车消费刚刚起步,汽修市场仍以服务公务用车的综合维修厂为主导,随着路上行驶的车型越来越多,国营综合维修厂已经很难满足各类车型维修所需的专业维修技术和配件需求。在此背景下,依托汽配城和社区开办的维修店越来越多,并逐渐发展成小型的维修连锁店。

2. 2000—2008年:4S店兴起,私家车规模开始高速发展,海外售后连锁品牌纷纷进入中国掘金

这一时期4S店模式引入我国,这一销售和售后服务捆绑的业态迅速占据了中国汽修和保养市场的主导。在此期间,中国汽车产销呈爆发式增长,汽车保有量急剧增加。同时,国际连锁汽修企业纷纷进入中国,先在沿海城市成立汽修连锁店,随后轮胎、润滑油等易损件和保养件品牌也瞄准了中国汽车售后市场,以提供换胎、保养、小修及装饰等服务的形式建立连锁网络。与此同时,国内一些颇具技术实力和客户积累的大型维修厂,也迅速转型,试水连锁模式。

3. 2009—2015年:资本与新技术推动下的新商业模式不断涌现

这一时期私家车已经成为绝对的市场主力,大部分区域均出现了区域性第三方维修连锁龙头,第三方服务提供商与4S店并行,并且随着移动互联网开始普及,后市场的新模式进入者开始增多并围绕电商化、O2O及新零售趋势发展;市场最早涌现的是以更换频率高、库存量单位(Stock Keeping Unit,SKU)数量少且相对标准的轮胎和保养易损件为主的电商平台,希望打破代理商—分销商—批发商—零售商的传统销售渠道,实现S2B2C①扁平化供应链模式,以厂商授权直销或利用集体采购优势,获得相比4S店价格更透明的保养件来吸引C端车主。但由于汽车配件重服务的属性,2C端的汽车电商相继转型O2O模式。与此同时,一些新兴企业则以上门服务为核心模式,凭借减免场地设备等固定资产投入,借助移动互联网便利性、高

---

① S2B2C:一种集合供货商赋能于渠道商并共同服务于顾客的全新电子商务营销模式。S2B2C中,S(Supplier)即大供货商,B(Business)指渠道商,C(Customer)为顾客。大供货商(S)一要整合上游优质供应商,二要提供给渠道商(B)各种技术、资料支援,三要辅助渠道商(B)完成对顾客(C)的服务。渠道商(B)在其中的作用则是一对一沟通顾客(C),发现需求并定制需求,同时将这些资讯反馈给大供货商(S),以便落实顾客(C)所需的服务。

效性的优势,重新匹配维修保养资源和需求,很快成为资本追逐的热点。汽车后市场在互联网背景下,资本与新技术双轮驱动,推动汽车后市场快速发展。

4. 2016年至今:线上线下深度融合,新模式、新方向开始逐渐清晰

经过大量的模式创新尝试,资方开始回归理性,使模式创新项目逐渐回归商业本质,大量后市场纯粹的模式创新型企业夭折,特别是2016年当中长期靠烧钱为继的上门保养、洗车类O2O公司相继因模式具有局限性,加之资金链断裂而退出市场或开启艰难转型,存活下来的具备良性商业模式的后市场企业,则更加重视线下服务能力与线上互联网技术的深度融合,同时实力雄厚的巨型电商平台随着生态的日趋成熟也纷纷开始发力后市场,促使汽车后市场不断成熟。

第二节 汽车维修企业经营模式分析

一、中国汽车维修市场调查报告

据中国产业调研网发布的《2016—2020年中国汽车维修行业现状分析与发展趋势研究报告》显示,随着我国汽车产业的高速发展与汽车进入千家万户,私家车已经占据民用车辆保有量的73%以上,汽车维修服务已经成为名副其实的最基本的民生服务业。汽车维修业的服务范围、生产经营模式及作业方式在过去的30年中已经发生了根本性变化:汽车维修服务范围从为道路运输车辆服务、为企事业单位和政府工作用车服务变为为全社会民众服务;汽车维修生产经营模式从旧件加工修复为主变为以养护为主,配合更换零配件;维修作业方式从定期修理、大拆大卸式的生产作业模式变为以不解体检测诊断、视情维修为主。最根本的变化是从过去重点对车服务变为对人、对车的一体化服务。

截至目前,全国共有机动车维修业户48万家,随着中国汽车保有量的逐年增加,2020年,中国汽车保有量已达到2.5亿辆,维修市场需求规模再翻一番,维修产值有望超过1万亿元。

二、汽车维修企业经营模式

面对蓬勃发展的汽车维修市场,国内汽车维修企业显然准备不足,表现在盲目照搬国外汽车维修经营模式、缺乏汽车维修网点布局规划、无统一行业标准等。现阶段,应结合我国汽车保有量、汽车车型构成、汽车产业政策等具体情况,通过对我国汽车维修企业经营模式的分析研究,参照国外较为成熟的汽车维修模式,找出适合于我国现阶段汽车维修企业的经营模式。

1. 汽车维修企业经营模式的概念

汽车维修企业经营模式是指汽车维修服务体系中汽车维修保养企业根据汽车维修服务定位确定的汽车维修业态构成,不同的汽车维修业态构成,将形成不同的汽车维修企业经营模式(见表2-1)。现阶段发展较为迅速的汽车维修企业经营模式包括整车一类维修企业模式(一类)、二类维修企业模式(二类)、专项维修业户模式(三类)、三位/四位一体店(3S/4S)模式、特约维修企业模式、维修连锁企业模式、综合类维修企业模式和综合类特约维修企业模式等。

表 2-1　汽车维修企业经营模式分类

分类方法	汽车维修经营模式
国家标准	整车一类维修企业(一类)、汽车二类维修企业(二类)、汽车专项维修业户(三类)
维修企业经营特征	汽车品牌维修企业(店、特约维修)、综合汽车维修企业、连锁维修企业
维修服务网点形态特征	综合汽车服务区(如汽车博览中心、汽车广场)、街区汽车维修服务网点

2. 主要汽车维修企业经营模式比较

目前,在我国汽车维修市场有代表性的汽车维修企业经营模式有特约维修经营模式、维修连锁经营模式、综合类特约维修经营模式、三位/四位一体经营(3S/4S)模式。这四种汽车维修经营模式的发展受多种因素的影响,需要综合考虑,现对这四种主要汽车维修经营模式进行比较,见表 2-2。

表 2-2　主要汽车维修经营模式比较

比较模式	综合类特约维修企业	三位/四位一体店(3S/4S)	维修连锁企业	特约维修企业
占地面积	较大	大	小	小
投资额	较大	大	小	小
服务车型	多	少	多	少
维修资料与配件供给	可及时得到维修资料与配件	可及时得到维修资料与配件	不能及时得到维修资料与配件	可及时得到维修资料与配件
方便性	方便快捷	不能提供方便快捷的服务	方便快捷	方便快捷
维修价格	低	最高	低	最低
和其他汽车品牌的兼容性	兼容其他品牌	具有排他性	兼容其他品牌	兼容其他品牌

由表 2-2 及实际情况可知,综合类特约维修企业、维修连锁企业应当鼓励发展,三位/四位一体店(3S/4S)、特约维修企业应该适当发展。

3. 我国汽车维修企业经营模式

目前,国内汽车维修企业的品牌经营主要有如下两种方式:一是集汽车销售和售后服务为一体的经营方式,即整车销售、维修服务、配件供应、信息反馈"四位一体"(通常称为"4S"),以汽车特约销售服务站为主体;二是汽车销售和售后服务相分离的经营方式,如汽车品牌专卖店所指定的汽车特约维修服务站。

(1)汽车 4S 特约服务店。汽车 4S 特约服务店作为品牌服务的售后服务站,可以得到汽车生产厂家的各种服务技能培训,容易取得专业的技术资料和一些专用配件,因为原厂家直接供应零配件,供货渠道一般来讲比较畅通,保证了车辆维修的质量和效率。汽车4S特约服务店管理体系规范,可为用户提供优质的维修服务,因此在我国汽车维修服务市场上处于主导地位,但同时也面临一些困境与挑战。建一家汽车4S特约服务店,从规模到软硬件设施均需符合汽车生产厂家的标准和要求,仅建设成本就要数百万元,甚至上千万元,怎样才能在最短的时间内收回投资成本并尽可能地获得利润,是每个汽车4S特约服务店经营者不得不考虑的问题,而维修费用过高必将导致客户流失。在这种情况下,一些主流品牌和高端品牌店基本可以维持,但是一些小品牌店就面临着生存压力。由于店内品牌的专一性,也就导致其对客户的依赖性很强。如果失去客户,也就很难生存下去了。各大汽车品牌都热衷于建设汽车4S特约服务店,使其迅猛发展,出现了无序竞争的局面。部分车主在车辆过了生产厂家承诺的保修期后不愿意再进店维修,也造成客户的流失。

(2)汽车特约维修店。许多汽车经销商不具备经营汽车4S特约服务店的规模和实力,或当地市场不足以支撑4S店的运营,或无售后服务条件。在这种情况下,汽车销售商通常会授权汽车特约维修站为其销售的车辆提供售后维修服务。特约维修店也能得到汽车生产厂家给予的支持,如提供优惠的原厂配件,提供免费的专业技术与管理培训等。一个经营条件较好的专业维修厂,可以成为一个或多个汽车品牌的特约维修服务站。但特约维修在专业化程度、配件供应等方面和汽车4S特约服务店相比,它的售后服务就逊色许多。特约维修店受生产厂家或经销商的约束比较少,其经营的随意性较大,有时候不能为用户提供到位的服务,容易引起用户的不满。

(3)维修连锁经营。汽车维修连锁是一种方便、快捷、专业化的经营模式,连锁经营的形式通常有直营连锁、特许连锁和自由连锁等。规模化、管理的现代化和集约化,统一的品牌,人员的专业化等是连锁经营所拥有的特定优势,也是连锁经营的工具。快修连锁店严格按照"统一管理、统一订货、统一定价销售、统一形象、统一服务规范"的原则进行经营。快修连锁店与总部之间是一种经济协作关系,总部在经营管理、人员培训、技术服务、设备配备等方面对快修连锁店提供全方位的支持,各个快修连锁店在一个共同的经营模式下进行运作。

(4)综合类维修经营。许多汽车维修企业坚持独立经营,同时经营多个品牌维修服务或专项维修。这种经营方式往往具有一些特色优势,如维修技术全面、客户服务细致周到或者价格较低等。同时,其经营方式灵活、易于管理等。虽然面对的是激烈的市场竞争,还是有它的一席之地。但如果一旦失去了自己独特的竞争优势,这些企业在竞争中将会处于不利地位。

4. 国内外现代汽车维修企业经营模式分析

(1)国内现代汽车维修企业经营模式分析。随着我国汽车销售市场及其售后市场的快速发展,国外汽车销售模式和售后服务模式进入我国,全国已初步形成了一个多种经济成分、多种汽车维修企业经营模式共存的局面。由于传统的汽车维修企业经营模式(如综合类汽车维修企业)不适应市场的需要,在数量上逐渐减少,国外各种"先进"的经营模式纷纷落户中国,使得我国汽车维修企业经营模式构成和比例发生了较大变化,新的维修经营模式(如3S/4S店、连锁经营企业)从无到有、从小到大,发展迅速。我国汽车维修企业经营模式发展具有以下特点:

1)在经济发达中心城市3S/4S店发展迅速。随着汽车保有量的增加和汽车销售模式的变化,在经济发达的中心城市3S/4S店数量从无到有、规模从小到大,如雨后春笋般地快速发展。

2) 在美国、日本获得成功的汽车维修连锁经营模式在我国的发展受许多因素的限制,发展缓慢。连锁经营是国际上比较成功的经营模式,汽车维修连锁经营也在世界各国广泛采用,取得了很好的效果,但是这种经营模式在我国是"叫好不叫座",特别是在中小城市车主用户对这种经营模式的认知度不高。许多国际知名汽车维护修理连锁品牌店纷纷登陆北京,它们大多以汽车快修、养护及美容等为主业。我国连锁经营模式的汽修企业经营情况普遍不理想。主要是形式上挂上了连锁经营的牌子,本质上仍是散兵游勇。

3) 在全国范围内综合类维修企业向综合类特约维修企业发展。在全国范围内特别在某种车型保有量较小的中小城市,综合类维修企业已经转变为综合类特约维修企业。主要原因包括:一方面是现在市面上的汽车品牌种类繁多,加之各种新车型、新技术层出不穷。可以说,没有哪一家汽车修理点敢保证什么车都能修,什么故障都能解决。因此,对号入座,找特约维修服务站修理就有利得多了。另一方面,4S店服务渐渐显现出一些弊端,主要表现在前期投入资金大,使得维修企业的投资人在投资时比较慎重。

(2) 国外现代汽车维修企业经营模式分析。以欧洲、美国、日本为代表的发达地区和国家,汽车工业具有百年历史,已经建立了适应本国国情的汽车销售和汽车售后服务市场,形成了不同的汽车维修企业经营模式,并已形成了以欧洲为代表的3S/4S企业经营模式,以美国为代表的汽车维修连锁经营模式,以日本为代表的汽车特约维修经营模式。

在欧洲,3S/4S店模式一直是汽车销售和售后服务的主导模式,特约维修店在减少,维修连锁经营模式发展很快。这种汽车维修企业经营模式适应欧洲的实际情况。欧洲城市密度大,城市间距离短,汽车工业发达,各种服务设施完备,在汽车结构方面的特点是车型集中,每种车型有较大的保有量。

美国的汽车售后服务逐渐趋向专业化经营,汽车销售已经实行销售和售后服务相分离,售后服务则有相对独立性。美国法律要求汽车制造厂必须公开汽车技术数据,防止汽车制造厂对汽车配件和维修市场的垄断,为汽车维修连锁经营模式的发展创造了公平的客观条件,使得美国汽车维修连锁经营模式发展日臻完善。定位于汽车售后市场的集汽配供应、汽车维修、快速养护为一体的连锁经营企业,整合了各品牌汽车零配件的资源,打破了纵向的垄断,在价格透明化的基础上,提供汽车维护、修理、快(小)修、美容和零配件供应一条龙,车主用户可以获得方便快捷的一站式服务。

在日本的汽车售后市场的主导模式是特约维修企业经营模式。这些特约维修企业由汽车生产商参股投资,企业规模较大,主要是定点维修自己生产的品牌车。在日本汽车经销模式中并不存在4S店。也有很多小型汽车维修连锁店,与大型维修厂形成互补关系。

第三节 汽车维修企业现状分析与展望

对比国外汽车维修市场,中国汽车维修市场起步晚且成熟度低,但发展潜力巨大。

一、中国汽车维修企业面临的形势

1. 汽车保有量迅猛增长,维修需求增幅明显

汽车保有量增长特别是私人轿车保有量高速增长对汽车维修企业产生了深远影响,汽车维修需求明显增加。汽车进入家庭步伐加快,维修服务成为社会焦点,维修行业面临新的

第二章 汽车维修企业经营模式分析与创新

挑战。

2. 汽车技术含量不断提高，维修作业方式发生根本变化

随着汽车技术含量的增加，汽车维修由机械修理为主稍带一些简单电路检修的传统方式，逐步转向依靠电子设备和信息数据进行故障诊断与维修。许多汽车维修设备生产厂家不断推出新的专用检测设备和仪器，为机动车维修行业注入了高科技成分。有了这些专用的检测仪，就可以方便地探明汽车各系统的工作情况，准确判断故障所在，为快速地排除故障提供了强大的技术保障，同时对维修技术人员也提出了更高的要求。汽车维修行业步入了内涵式发展的道路。

3. 加大了对从业人员中技术人员的要求和管理

交通部《机动车维修管理规定》《道路运输从业人员管理规定》和《中华人民共和国机动车维修技术人员从业资格考试大纲》的印发和实行，加强了对从业人员，特别是技术人员的管理。对企业的开业经营人员提出了技术资格的要求，技术负责人、质量检验员及机修、电气、钣金、涂漆人员必须按规定的比例经全国统一考试合格后，持证上岗。

4. 加强对维修质量的要求

交通部《机动车维修管理规定》规定了机动车维修实行竣工出厂质量保证期制度，对汽车修理质量保证为车辆行驶里程或时间提出了具体的要求。质量保证期中行驶里程和时间指标，以先达到者为准。

在质量保证期内，机动车因同一故障或维修项目经两次修理仍不能正常使用的，该维修经营者应当负责联系其他机动车维修经营者，并承担相应修理费用。

5. 加入世界经济贸易组织、市场全面开放后面临激烈的竞争

我国加入世界贸易组织后，已将汽车维修市场全面开放，国外企业和个人均可来华投资，可以合资、也可以独资建立汽车维修公司。美国 NAPA "蓝霸"、美国 AC Delco、德国博世、日本的黄帽子等快修连锁品牌纷纷入户中国，他们将资金和先进的管理经验、维修技术带入我国，为汽车维修行业带来了新的活力，同时也将与我国的汽车维修企业进行激烈的竞争。

6. 年轻消费群体消费需求与行为不断变化

年轻消费者对服务效率和服务体验追求极致。相比于过去繁复的消费体验，他们更热衷于使用便利的手机消费，节约时间和成本是消费者首先考虑的因素。相比于欧美国家，中国市场消费者更倾向于使用数字化工具更便捷地获取维修保养信息，更愿意通过数据交换获得更好的汽车维修保养数字化体验，数字化触点为竞争激烈的汽车维修市场提供了差异化的机遇。一站式的简化服务流程，不断提升的服务效率和体验，成为未来消费者追求的服务模式。

二、汽车维修企业存在的根本问题

目前，中国汽车维修行业已经取得了巨大的进步，出现了前所未有的大发展，汽车维修企业的管理水平、服务意识都有了明显的改善，扩大了服务范围，改变了服务方式，增加了服务设施，技术装备水平有了很大的提高，现代的汽车检测诊断技术得到了广泛的应用。但是，其与汽车技术的发展和用户日益增长的需求仍有一定的差距，存在诸多问题。影响汽车维修服务质量的因素如图 2-2 所示。

1. 行业属性定位上认识还不到位，服务水平较低

车辆的社会化和私家车的大量发展，使汽车维修业走向社会化，并促使汽车维修行业从产品型行业向服务型行业转变。但是汽车维修行业广大的从业人员按传统的为运输生产服务向广大的客户服务的观念仍未转变到位，为普通百姓服务的意识尚需提高，个性化定制式服务、关联化的一站式服务机制尚未形成，行业的信息反馈机制、投诉调查处理机制还不十分完善，为客户服务的水平还较低。

2. 维修方法和手段亟待更新

我国的汽车维修行业虽然已经过了多年的发展，但工作模式一直还是采用手工作坊式，并没有实现质的飞跃。在目前科技不断发展、汽车拥有量不断增加的情况下，这样的工作模式会使维修行业的业务过程显得更加复杂，同时，由于需要处理的数据的信息量相当大，仅仅依靠人力很难有效地监督维修行业各个部门的工作进程。另外，也会增大管理人员在主观判断上的失误率，降低相关维修人员的维修积极性，减弱汽车维修行业的向心力和凝聚力。这样不仅阻碍新的维修知识的传播及先进技术的推广和应用，更不利于对客户的长期服务。这种较为落后的维修手段使维修行业在顾客心中的形象大打折扣，不利于形成稳定、长期的客户。

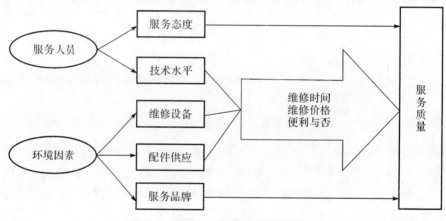

图2-2 影响汽车维修服务质量的因素

3. 维修质量得不到保证，行业的诚信度、信誉度较差

汽车维修技术与飞速发展的汽车自身技术存在较大差距，加之整个行业的从业人员文化素质、技术素质均偏低，造成新技术的推广和普及困难，影响了传统的经验维修方式向新的诊断、换件为主的维修方式的顺利转变，使汽车维修质量得不到很好保证；由于有些企业使用假冒伪劣汽车配件等问题依然存在，所以还存在用户修车不放心、怕骗、怕宰的现象，行业在社会上的诚信度还不够高、信誉度较差。

4. 维修行业和汽车管理部门监管力度不够

目前，在对个体汽车维修业户管理上还处于各自为政的无组织状态，汽车维修行业协会和汽车管理部门对这些个体汽车维修业户监管力度明显不够，致使无证修车、不规范的路边店、占道修车等现象屡禁不止。一些维修企业设备不齐，技术落后，甚至还存在汽车配件乱加价、乱收费和不经车主许可而擅自增加作业项目多收费等问题，收费不透明和收费的事先沟通机制不完善,有些路边店作业环境脏、乱、差,干扰了市场秩序,损害了整个行业在社会上的形象。

5. 从业人员素质低,技术水平低

随着汽车工业的发展,高新技术在汽车上的广泛应用,对维修人员的技术水平要求也逐步提高,但是,由于从业人员的文化水平较低,造成了其素质和技术水平都较低,特别是经过专业学习的比例很低,所以使从业人员的总体素质低,技术工人的技术水平低。

三、汽车维修企业应采取的应对措施

1. 加强服务品牌建设,避免过度承诺而人为提高客户的期望值

加强服务品牌建设。现代汽车维修服务企业必须经过长期科学整合。推出快捷、优质和实惠的"卖点"服务,并采取有效的公共传播加以"显露张扬"来获得车主客户对汽车服务品牌的注意和认可,提高车主顾客对于该汽车维修企业的信赖度。但同时又要避免过度的承诺,防止人为提高顾客的期望。若顾客拥有越高的期望值,在对服务质量的感知无法提升的情况下,会产生更大的质量差距。因此,汽车维修商应避免在广告宣传、服务人员推销中做过度的暗示及承诺,避免消费者以过高的期望接受服务。

2. 不断提高从业人员的综合素质,强化维修质量

汽车维修企业只有不断提升维修服务水平,才能适应不断升级换代的进口和国产现代汽车维修的需要。这不仅要求企业要经常地采用现代汽修新技术管理培训维修服务人员,还要不断更新充实连锁店的软硬件设备,以适应维修服务人员新技能的充分发挥,不断提升维修服务质量水平,同时还要通过宣传引导车主客户适应不断更新的维修现代汽车的各式服务,否则车主客户的逆反心理会严重影响维修服务质量的提高。企业可以实行评选并公示"星级"维修服务人员的维修服务质量承诺,如汽车维修施工能一次性完成,诊断和排除故障质量合格率达100%以上,实现一流的信誉等,使企业维修服务人员不断追求高层次、高水平,进而提升整个企业的维修质量水平。

3. 改变服务观念,以客户满意为中心,变被动服务为主动服务

加强企业服务意识,有效满足多样化的服务需求,体现人性化,为顾客提供更加方便、安全、优质、快捷的服务。同时企业还应该掌握顾客的需求意愿、特点及需求变化。

4. 做好汽车维修网点布局规划,明确该城市汽车维修企业经营模式

汽车维修网点布局规划综合考虑了该城市的汽车保有量、车型结构、维修需求量等因素,提出了近期和远期适合该城市维修网点数量、类型以及汽车维修企业经营模式。只有编制该城市的汽车维修网点布局规划,才能使汽车维修市场有序发展。汽车维修网点布局规划是政府行业主管部门决策的重要依据,也是汽车维修企业投资者的重要参考资料。

5. 通过模式创新,弥补各类维修渠道短板

如图2-3所示,目前中国汽车维修市场各类维保渠道服务品质虽在不断进步,但在整体客户体验角度仍旧存在诸多弱项,没有一种形态可以较为完善地满足客户的需求,因此,急需模式创新来弥补各类维修保养渠道短板。

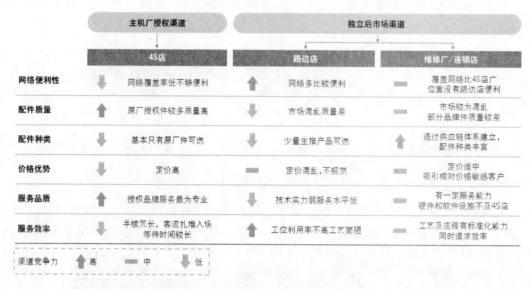

图 2-3 不同售后维保渠道竞争力比较

6. 继续加大汽车维修保养线上、线下融合

中国互联网呈现规模大、增速快的发展趋势,2018 年网民超过 8 亿人,普及率近 60%,网民数量全球第一。同时,中国消费者是全球领先的重度网购爱好者,互联网零售额占全球互联网零售额的 45%。随着中国 O2O 商业模式的快速兴起,未来汽车维修保养线上渗透率有望实现快速增长:2018 年汽车维修保养市场电商渗透率仅 5%,预计 2025 年可达到 17%,线上消费化的趋势将驱动消费者对汽车维保 O2O 服务依赖程度加深,届时必将催生汽车维修企业开拓服务新模式。

第四节 汽车维修创新经营模式实例

一、汽车 4S 店售后服务创新案例

1. 目标问题

如何降低 4S 店维修和保养费用?

2. 核心创新

"中心店+卫星店"运行模式。

3. 解决方案

对于在 4S 店进行过维修和保养的人来说,肯定有一个共同的感受,那就是收费过高。无论是零部件等的材料费,还是人工工时费,4S 店的收费都很高。4S 店通常给消费者解释为什么收费高时肯定都会说,用的都是原厂的零部件,维修技师也都是经过了专业培训。但实际上,4S 店的售后服务收费高的关键并不在于此,关键在于 4S 店的整个运营成本太高,使其根本无法在目前模式之下,将维修保养的收费标准降低。

诸多汽车快修保养店正是基于4S店售后服务的高额收费,才有了生存的土壤。如何能让广大车主既享受到4S店专业的维修保养服务,又仅需支付类似汽车快修保养店的低廉费用呢?那就要求企业及时改变传统运营模式,由现在的单一4S店进行全面售后服务工作,改变成由4S店作为售后服务的中心店,由4S店投资建设的快修保养店作为卫星店。中心店负责诸如事故车等的大修和做漆等可由保险公司付费的项目,而由卫星店负责小机修和保养等需用户自己付费的项目。

图 2-4　某4S店服务大厅

4. 案例分析

传统4S店升级为"中心店+卫星店"运行模式。这种模式带来的好处主要有以下几点。

(1)能够提高售后服务利润。固然,相较于将所有的售后服务都集中在4S店的运营成本,要比上述"中心店+卫星店"的模式低,但如果考虑到每个卫星店的赢利能力,特别是卫星店对于留住"三包"期后的用户的能力,相信这种"中心店+卫星店"的模式要比传统的售后服务模式的赢利能力要高出不少。

(2)能够提高客户售后服务满意度,降低顾客流失率。"中心店+卫星店"的模式,对于客户来讲,无疑有三个最大的吸引力:维修保养质量的品质保证、低廉的维修保养费用及服务的及时高效。对于车主来讲,其对维修保养最为放心的应该还是4S店提供的,在维修保养费用比一般的快修保养店高不出多少的情况下,相信绝大多数车主会选择在"三包"期后留在4S店所建的卫星店进行快修保养。同时,4S店所建的卫星店因其覆盖范围广,客户在需要相关服务的时候能更加及时地获得4S店的服务支持。因此,"中心店+卫星店"的模式能够提高客户售后服务满意度,也能够降低顾客流失率。

(3)能够提升品牌知名度,促进汽车销售。实际上,随着中国汽车市场未来的渐趋饱和,主要通过新车销售获得利润的4S店经销模式也将越来越难生存,以成熟汽车市场的发展作为参考,只有将重点向汽车后市场转移,才能让4S店长久地活下来。而从目前4S店的售后服务模式来看,如果不进行创新,其在后市场的利润无疑会被众多的汽车快修保养店所瓜分,现有模式下的4S店也必将会走向终结。

5. 创新方法

升级式创新。我们常听说"起了个大早、赶了个晚集"这句话,身边也常看到很多开拓者没有赚到钱、模仿者赚了个盆满钵满的例子。比如说福特并不是汽车的发明者,但福特却靠T型车成为了当年的美国首富,比尔·盖茨虽然不是图形化操作系统的发明者(图形化最早的发明者是施乐公司,最早的商用者是苹果),但他的Windows却几乎统治了个人电脑。升级式创新其实非常重要,因为早期产品往往是比较粗糙的,而且往往是价格昂贵的,升级式创新起到了完善产品、降低门槛的作用,因此同样值得推崇与广泛应用。

二、五菱汽车服务创新案例

1. 目标问题

如何解决偏远乡镇汽车用户维修难问题?

2. 核心创新

维修网点下沉到乡镇。

3. 解决方案

2010年,五菱开始了长达10年的高速增长,缔造了中国汽车市场的传奇,成为中国第一款可以同世界主流车型竞争的"神车"。其成功的原因,一方面是由于其小排量、大空间、皮实、耐用等产品设计要素贴合市场需求;另一方面依托上汽遍布全国所有地级市的销售网络,率先深入二、三线城市乡镇市场,销售渠道和售后服务均十分到位,在乡镇甚至村口都有其售后服务。据统计,五菱汽车累计线下服务站超过2 800家,同时期与麦当劳门店数基本持平,成为消费者最容易买到的MPV。

图2-5 五菱宏光汽车

4. 案例分析

在当时全国乡镇一级汽车服务网点基本空白的情况下,五菱汽车独树一帜,大胆的服务理念创新,迎合了时代的变化,也抓住了"汽车下乡"的政策红利,累计实现400多万辆的销量,成为既是中国大陆销量最高的车型,同时也是通用旗下全球销量最高车型。

5. 创新方法

思想创新,就是树立一种行业的典范,从而在有效区分其他企业的同时,造成一种行业、市场或产品模式的垄断。它既包括产品的质量标准体系,也包括市场操作的方向、方式、方法、资源配置、格局等而形成的一种标尺。后来企业只能向这个标准看齐,才具备市场竞争的资本。

三、汽服数字门店精准运营创新案例

1. 目标问题

如何建立车主对汽车服务行业的信任?

2. 核心创新

"会养车"APP 的问世。

3. 解决方案

"会养车"APP 是为车主提供车辆养护全程解决方案的移动互联网平台,完整搭建从车辆诊断、科学规划到商户体验的一站式服务。当下的汽车服务机构往往为了获得高额利润,经常采用虚高价格、小病大修、过度保养,"会养车"APP 创立的初衷即是改变人们对于现在汽车服务行业缺乏诚信的忧虑和不满。"会养车"建立了完善的全车型保养技术数据库,制定商户分级认证标准,整合汽车 4S 店、汽车修理厂、汽车美容养护店资源,精准匹配客户车型和服务需求。车主可以通过手机客户端轻松便捷获取车辆保养解决方案,并可在线选择适配车型的服务商户和产品。完美解决用户保养什么、去哪里保养的困惑,让用户轻轻松松养车,明明白白养车。

图 2-6 会养车 LOGO

4. 案例分析

"会养车"APP是通过手机为车主提供专业化汽车维修保养的O2O网络服务平台，搭建普通车主和专业维修技师免费在线咨询交流及预约服务的平台。一方面，"会养车"将技师从车底推到前台，与车主直接交流，技师通过解答获得车主信任；车主可以从多个技师的解答中对比、选择完善的解决方案，验证对技师的信任；在解决了养车疑问后，车主可以在线预约技师的服务，并获得一个预约码，到店后，验证预约码，并由此生成售后保修单，享受"会养车"平台提供的售后保修服务。另一方面，技师通过解答车主问题建立个人口碑和个人品牌，并获取更多客源。"会养车"平台注册的技师和签约的汽修店，都得到了资格审核和实地复核，可以为车主们提供可靠的技师和服务。

互联网是帮助传统行业服务升级的工具。发挥互联网的传播优势，将车主吸引到平台上来，与技师们交流，提问和预约服务；而汽修店的优势在于专业的维修技师和设备、服务等。通过搭建车主和技师交流的平台，吸引车主们来这里，广大技师就是平台的主角，回答得好不好，能不能让车主满意并且实现预约，这就是技师和门店要做的工作。每个店都有自己的服务规范和标准，只要车主满意点赞，这个技师和店就是优秀的。因此，在这个平台上，不是平台给门店导流，而是技师与门店靠自己的服务品质赢得客户。

5. 创新方法

技术创新是通过技术摸索、革新，从而制造出更完美的产品，不仅可以大大提升企业生产效率，而且可以更好地维持设备和材料的高利用和低损耗。作为硬件方面的创新，技术创新是提供市场有形产品及服务产品的一个重要保证。这是一般企业追求的创新，也是最基础的创新行为。

第三章　汽车美容与养护经营模式分析与创新

第一节　汽车美容与养护的概念与内涵

汽车美容与养护是指根据车辆各部位不同材质所需的保养条件,采用不同性质的专用护理材料和产品,对汽车进行全新的保养护理的工艺过程。它已成为普及型、专业化很强的服务行业,是一种全新的汽车养护概念。经过专业美容后的汽车不仅内外焕然一新,而且有效地延长了汽车使用寿命。

"汽车美容"一词源于西方发达国家,被称为"Car Beauty"或"Car Care"。西方国家的汽车美容业伴随着整个汽车产业的发展,已经达到非常完善的地步。他们形容这一行业为"汽车保姆(Car Care Center)",也称作"第四行业"。所谓第四行业,顾名思义,是针对汽车生产、销售、维修三个步骤而言的。

国外对汽车美容的功能界定为三层,最基本的一层是自理性保养。一般国外车主对汽车的熟悉程度普遍较高,车辆最简单的保养基本都自己完成。一方面车蜡、清洁剂等普通养护产品随处可购,简单方便;另一方面洗车在一定程度上是车主很好的周末健身选择,爱车心理和趣味性体现得十分明显。第二层次是浅性服务。诸如太阳膜、犀牛皮等的张贴;大包围、防盗装置等的安装;内饰品(包括真皮座椅、桃木内饰等)的改装、使用和漆面划痕、抛光翻新等一些主要汽车美容项目,则需要依赖小型专业店,这种店一般只进行车辆内外的装备设施保养,而不涉及发动机等车辆中心结构的护理工作。第三层次是专业服务。这是技术含量较高的服务种类,属于美容施工深度处理,也是整个汽车美容业最深入的层次。

一、汽车为什么要美容?

正如人们护理皮肤一样,皮肤如果得不到爱护就会变得粗糙,失去弹性和光泽,就会未老先衰,汽车的保养也同样如此。

通常情况下,车身表面主要受到来自以下几方面的侵害。

(1)紫外线对汽车漆面侵害。阳光中含有强烈的紫外线,汽车油漆经过长期的阳光照射,漆层内部的油分会大量损失,漆面日益变得干燥,于是出现失光、异色斑点,甚至龟裂。

(2)有害气体对漆面的侵害。大气中的有害气体,如二氧化硫、二氧化碳、二氧化氮等含量随着环球大气污染的日益严重而增高。汽车在高速行驶中车体与空气摩擦使车身表面形成一层强烈的静电。静电吸附的灰尘、有害气体分子附着物逐渐加厚,时间久了就会形成一层顽固的交通膜,持续损伤漆面。由于交通膜的产生,使得原来很光亮的车身变得暗淡起来,颜色也不那么鲜艳了,同时严重影响以后上蜡的质量。

(3)雨水对漆面的侵害。由于工业污染,雨水中二氧化硫、二氧化碳、盐分及其他有害物质的含量越来越多而形成酸雨,造成对漆面的持续侵害。在热带、海边等地区的潮湿空气中盐分含量很高,也会对车身产生持续的侵蚀。

(4)其他因素对车漆的损害。汽车在运行过程中也会受到外界的伤害,如车漆被硬物等划伤和擦伤,鸟粪、树胶和飞漆等黏附于漆面而形成的侵害。漆面由以上种种原因而造成的伤害,不是简单的洗车和普通的汽车美容能够轻易消除的,只有通过专业汽车美容才能得到真正的清洁护理。

二、汽车美容与养护主要项目

现代汽车美容服务大体上可分为车身美容、内饰美容、漆面处理等部分。

1. 车身美容

车身美容服务项目包括高压洗车,去除沥青、焦油等污物,上蜡增艳与镜面处理,新车开蜡,钢圈、轮胎、保险杠翻新与底盘防腐涂胶处理等。

2. 内饰美容

内饰美容服务项目可分为车室美容、发动机美容及行李箱清洁等项目。其中车室美容包括仪表台、顶棚、地毯、座椅、座套、车门内饰的吸尘清洁保护,以及蒸汽杀菌、冷暖风口除臭、车室内空气净化等项目。发动机美容包括发动机冲洗清洁、喷上光保护剂、做翻新处理及三滤水箱、电瓶等清洁、检查、维护项目。

3. 漆面处理

漆面处理服务项目可分为氧化膜、飞漆、酸雨处理,漆面深划浅划痕处理,漆面部分板面破损处理及整车喷漆。

4. 其他

汽车精品(汽车香水、车室净化、装饰贴和各种垫套)、汽车防护(粘贴防爆太阳膜、安装防盗器、安装语音报警系统和安装静电放电器)。

第二节 我国汽车美容与养护业现状分析

据《2017—2020年中国汽车美容行业预测及投资策略研究报告》显示,在我国大约有80%的私人高档汽车车主有给汽车做美容保养的习惯;60%以上的私人中低档车车主也逐步意识到应该给汽车做一些日常的美容养护。据估算,一辆30万元的汽车,一般家庭的使用年限为10年,如果每年的行驶里程按照1万千米来计算的话,每年用于汽车美容保养的费用大概在4 000元左右,以我国现有汽车保有量来计算的话,汽车美容与养护业发展的"钱景"十分惊人。

汽车美容业早在20世纪末就已经进入我国市场,迄今为止,我国汽车美容业已经走过了起步阶段,进入到发展阶段,已经有了一些成熟的理念和经营模式。同时,随着近几年国人的汽车消费理念、汽车使用理念的逐渐成熟,越来越多的人意识到汽车美容养护的重要性。在巨大的利益驱使下,越来越多的商家进入汽车美容行业中,从而有力地推动了整个市场的前进。

目前,我国的汽车美容养护业也打破了原先的单一性,美容项目越来越呈现出多样化、标准化和高端化的趋势。虽然整体行业发展迅速,但是由于起步相对较晚、经验不足,依旧存在几个突出问题。

一、普通消费者对汽车美容与养护业还存在误区

目前,随着"七分养三分修"的养护理念深入人心,消费者意识到汽车和我们日常用的家用电器一样,要想使它能够正常良好地运行,也必须要定期进行美容保养。但是,到目前为止,仍有很大一部分消费者对于汽车美容养护业没有一个全面的认识与了解,对相关项目的认识尚不透彻,故许多消费者误将汽车美容简单地理解为洗车-打蜡-交车。大部分汽车使用者认为洗车仅仅是为了洗掉车身的灰尘和脏污,使汽车看起来更加美观,却不知道洗车更重要的是为了防止车身附着物腐蚀车漆,使车辆面漆受损。长期不洗,就会严重影响汽车的使用性能。更有甚者,一些车主用碱性洗衣液、洗洁精来洗车,此类产品的pH值一般在10.3~10.9之间,而汽车油漆耐酸、碱的承受力为pH值8.0以下,故长期使用pH值8.0以上的清洁剂,虽洗去了汽车表面的灰尘,却对漆面造成了损害,轻者失去光泽,重者严重腐蚀。打蜡时所使用的蜡一般为硬质蜡,车体在上蜡20多小时后才能进行抛光,在这20多小时内,蜡膜会吸附大量的灰尘与沙粒,抛光时它们会划伤漆面,产生大量的划痕,严重影响光泽度。由此可见,一般的洗车,名为护车,实则毁车;至于漆面的静电吸附氧化发黑与丝痕累累,一般的洗车打蜡作业更是束手无策,也更谈不上对汽车其他部位的彻底清洁和养护了。

汽车美容是一个全新的概念,它与一般的电脑洗车、普通打蜡有着本质上的区别。专业汽车美容与众不同之处在于它自身的系统性、规范性和专业性。所谓系统性就是着眼于汽车的自身特点,由表及里进行全面而细致的保养;所谓规范性就是每一道工序都有标准而规范的技术要求;所谓专业性就是严格按照工序要求采用专业工具、专业产品和专业手段进行操作。汽车美容应使用专业优质的养护产品,针对汽车各部位材质进行有针对性的保养、美容和翻新,使汽车经过专业美容后外观洁亮如新、漆面亮光保持长久,有效延长汽车的使用寿命。

二、企业经营管理不规范、制度不健全

"汽车美容"的概念在我国一经引入,众多的洗车店、汽配店、加油站很快就盯上了这个新兴行业,把汽车美容市场弄得热火朝天。目前,汽车美容店开店标准和三类汽车维修企业[指专门从事汽车专项修理(或维护)生产的企业和个体经营户]一样,并没有专门针对汽车美容行业的市场准入制度,这就决定了大部分企业的经营无法得到规范,存在着经营范围不清、来历不明的商品混迹市场、以次充好的现象。

近年来,由于汽车美容行业的准入制度比较低,相关政策也不健全,以致我国汽车美容店的规模也参差不齐。同样的,有很多的汽车美容店,甚至是一些相对来说比较正规的4S店里,销售的一些汽车导航、汽车音响、防爆太阳膜都没有中文厂址,卖家以进口产品为借口,向消费者索要高价,但很少有经营者能提供报关手续。

第三节 汽车美容与养护经营模式分析

与汽车后市场的其他领域截然不同,汽车美容养护是个功夫活,在这里与其说是卖产品,不如说是卖服务。在过去的很长一段时间内,很多商家都是在专注于卖产品,无论产品好坏,只要把它卖出去,转化成了货币,它的价值就算得到了最终的实现。也许在市场发展的初期,

为了完成资金的原始积累,这样的市场行为无可厚非。但无可否认的是,单纯的产品销售只是市场发展进程当中的一段小插曲,虽然必须,但不和谐,因此它的时间越短越好。尤其是当市场竞争发展到今天,越来越多的商家深陷价格战泥潭的时候,专业的运营和服务或将是其摆脱低端竞争,跑在同行前面的不二选择。

首先,中国的车主讲究"车的面子就是人的面子",无论车辆本身的档次高低,都要让它看起来光鲜亮丽,所以才会去洗车,做美容养护,这些就像穿衣、洗衣一样平常。因此汽车美容养护的第一个归宿点就是"车",车辆本身要得到高品质的产品、高品质的施工,最终达成高品质的效果。

其次,作为车辆的驾驭者,"人"的因素更是至关重要。现在看到很多的专业汽车美容店,在顾客服务方面近乎苛刻地追求极致,舒适的座椅、休闲刊物、无线上网、免费的茶点、各种影音娱乐设备,可以说是尽你所想。甚至在一些大型的加盟机构当中,已经把专修标准、相关配备写进了合同,为的就是要让顾客找到"宾至如归"的感觉。

"车与人"是汽车美容养护永恒的话题,也是整个行业最终的价值归宿。但这一切都要建立在商家的理念、模式、产品、技术、服务高度统一、高度专业化的前提之下。否则,根据木桶原理的理论,一旦在哪一环节出现了"短板",就会直接危及店面整体的生存状况。汽车美容养护是一个专业、系统的运作体系,有太多的细节需要斟酌,而这一切除了需要正确的经营理念,还需要科学的运营模式。

一、4S店

对于所有的4S店来说,他们最大的收入来源不是卖车,而是卖车之后的各种服务费用。美容养护O2O平台的兴起给4S店造成了空前的冲击,4S店自然也不能坐以待毙,于是很多4S店通过借助自有线上平台以及微信公众号等纷纷推出了自有线上美容养护服务。

(1)4S店一般都是某一个汽车品牌指定经销商,同时他们也是车主买车的地方。车主在4S店买的车,基本上都会有一个3年的保修服务,很多车主在车子出现问题之后自然都会首先咨询4S店,这个时候4S店为车主提供其他服务也就会理所当然。

(2)车主在4S店买的车,首先会建立一个基本的信任度关系,之后选择4S店提供的其他服务也就会更容易接受。同时4S店借助线上预约、线下提供服务,能够更好地将线上与线下有机结合起来,打通此前的信息不对称问题。

(3)4S店对于车主所买的汽车性能等各方面都最熟悉,维修美容起来也就会更得心应手,从消费者的角度来说,也就会更放心。

但是4S店提供的汽车美容养护等服务也存在诸多问题,这也是为何那么多平台都来挑战4S店地位的原因。

(1)价格贵。4S店美容保养普遍存在价格贵的问题,收费往往比很多电商平台要高出一大截。

(2)门店少。每一个经销商4S店在同一个城市往往店面不是非常多,客户维修或者美容保养往往需要很远的一段路程才能到达指定的4S店,这也就造成了交通、时间等诸多因素的不便利。

二、快修连锁

仅次于4S店,目前快修连锁恐怕是车主们选择美容保养最多的一个地方了,通过借助连锁的优势,这类连锁店打造自身O2O平台也具有一定的优势。

(1)门店多。快修连锁因为服务店面比较多,客户能够选择离自己最近的连锁店进行汽车美容保养等服务,从便利的角度上来说大大领先4S店。

(2)品牌优势。很多线下连锁快修经过多年的线下服务,积累了一定的品牌优势,得到了众多车主的一致认可,而这些车主往往都是连锁服务店的忠实用户。

(3)标准化服务。从美容养护的技术角度来考虑,快修连锁在技术服务上相比很多路边小摊也更容易获得车主的信任,同时作为连锁经营模式,他们在服务上也有着统一的标准。

当然,快修连锁相比其他的O2O平台,在发展上还是存在一定的局限。

(1)快修连锁只是在为自家的线下连锁店提供线上预订服务,对于客户来说选择性也就不会很多。很多客户在选择汽车美容养护服务的时候,往往都会货比三家,这个时候快修连锁就会存在一定的局限。

(2)打造一个O2O平台,要想赢得整个市场,仅仅依靠自家的连锁店是远远不够的。如果不对外开放,快修连锁最终只会沦为O2O平台的一个服务商家之一,但对外开放,快修连锁同样也将会面临其他平台的竞争压力。

三、汽车养护O2O平台

汽车养护O2O是最受资本方看好的O2O服务平台,博湃养车、车女婿、卡拉丁、e保养、养车宝、养车无忧等大量优秀的汽车美容养护O2O平台都涌现了出来,并受到了资本的疯狂追逐。

(1)这种汽车美容养护平台主要都是借助了手机端的优势,尤其是手机附近定位搜索的特性,能够让消费者通过其平台找到离自己最近的服务商,从而进行预约服务,既可以选择到店同时也可以选择上门。这种将线上与线下打通的汽车养护服务正在受到越来越多消费者的欢迎。

(2)消费者通过O2O平台能够进行价格、服务等多方面对比,从而能够选择出最适合自己的服务商,尤其是O2O平台所推出的商家信用指数和消费评价等对于车主选择服务商都提供了一定的参考。

(3)节省沟通成本。线下到4S店修车美容价格贵的问题是很多车主抱怨最多的一个问题,而有的O2O平台则同时推出了养护用品和汽车配件,用户通过线上购买零件线下到店找技师维修美容等就能节省大量的成本。

这类汽车养护O2O平台同样面临着以下挑战。

(1)服务的标准化问题。每个O2O平台都接入了大量的汽车服务商,尤其是对于一些上门服务,如何保证技术、服务等各方面都能让消费者满意,目前各大O2O平台都还没有建立一个统一的标准。

(2)运营商的困难。对于一个O2O平台来说,打通线下商家比较容易,但是如何能够让平台拥有更多忠实的用户却不是一件容易的事情,需要大量的资本才能占有一定的市场份额。

从某种程度上来说,在市场格局未定之前,一旦平台的资金链出现问题,这种O2O平台最终也将会面临整体运营上的困难。

四、上门洗车

洗车作为汽车后服务市场消费者消费频率最高的一个细分领域,很多O2O平台都希望借助洗车服务作为突破口,打进整个汽车后服务市场,其中养车点点、车点点就是典型的代表。

(1)用户习惯。对于用户使用APP或者微信公众号下单使用汽车服务,最重要的就是培养用户习惯。眼下大多数人修车或者想要给汽车美容时,第一时间想到的可能还是4S店和维修服务商,但洗车排队等市场痛点却给予了这类O2O平台培养用户使用APP下单习惯的良好机会。

(2)快速切入。通过上门洗车与到店洗车,洗车O2O平台能够较快切入市场,同时在该领域占据一定的市场份额。然后借助平台积累的洗车用户基础,再推出各类汽车美容、养护、维修等服务,也就更容易打开美容养护市场。

(3)服务商资源。很多提供洗车的服务商同时也会提供相应的汽车维修美容等服务,这对于洗车O2O平台日后切入美容养护市场也就积累了大量诚信可靠的线下商家资源。

借助洗车切入美容养护市场,的确在前期更容易积累相当的用户群体,但是任何事情都是利弊相生的。

(1)先进入洗车而后再进入整个汽车养护市场,就会在市场先机上输给其他汽车养护O2O平台。等到其他O2O平台已经在该领域占据一定市场地位的时候自己再介入进去就会面临更多的市场壁垒。

(2)洗车O2O平台切入美容养护市场还将面临一个用户习惯转化的问题,很多用户习惯在这个O2O平台上使用洗车服务,但是也正是因为这个而在习惯上把它当作一个洗车服务平台,当汽车需要购买配饰、需要美容、养护的时候,用户可能还是会选择到其他平台上。

五、电商平台

对于整个汽车后市场,淘宝、京东等电商巨头也是虎视眈眈。淘宝联手北京、上海等200余座城市线下超过30 000家汽修服务网点,正式宣告进入汽车后市场;而京东推出的车管家O2O应用,同样也与国内超过10 000家优质维修厂商达成了合作。

(1)流量入口。淘宝和京东作为国内两大电商巨头,他们在流量入口上的优势是其他任何平台在短时间内难以企及的,大量网购用户群体在购买其他产品的同时也会购买淘宝、京东的车饰品、汽车配件等。

(2)消费环境。淘宝、京东作为两大电商平台,用户在其平台上也已经形成了线上消费习惯,同时淘宝依托支付宝,京东依托京东钱包已经打通了自己的消费支付生态闭环。

(3)品牌、资金实力。淘宝和京东无论从品牌上来说,还是从资金实力上来说,都远远超过其他平台。这也就不难解释为什么那么多的汽车美容养护服务商都愿意选择与他们进行合作,对于客户来说,这两大平台也更能获取消费者的信任。

(4)售后生态。淘宝、京东多年依托电商建立完善的售后服务系统在处理汽车后市场服务上也会有相当大的帮助,优质的售后服务对于汽车后市场培育忠实稳定的客户至关重要。

同样,电商平台要想称霸整个汽车后服务市场,也并非那么容易。

(1)当年阿里推出聚划算,京东也推出了自己的团购频道,可是最终他们在团购市场却没有能够占到一席之地。O2O服务毕竟不同于电商,更多还是需要与线下紧密地结合起来,仅仅依靠线上强大的资源是很难做起来的,这一点淘宝与京东都需要加强。

(2)淘宝和京东的盘子越来越大,与他们合作的汽车美容维修服务商数量也是相当庞大,虽说入口流量很大,但是平均分配给每一个服务商的入口流量就很少了。

六、团购网站

说到团购网站进军O2O市场,美团、大众点评和百度糯米几大团购网站纷纷都已经推出了汽车到店服务。近日以美团为首更是直接接入了上门服务,意图上门与到店通吃。

(1)入口优势。目前几大团购网站不管是在PC端还是在移动端,都已经具备了一定的入口优势。这也吸引了大量的汽车服务商家选择了与三大团购网站的合作,团购网站专注于本地服务,这个入口相比淘宝、京东更有价值。

(2)消费习惯。团购网站这些年一直都在深耕本地生活服务,这类生活服务的消费者他们在选择服务消费上已经养成了线上预定线下消费的习惯,这类消费者也比较容易转化为汽车美容养护服务的用户。

(3)价格优势。相比其他平台提供的汽车美容养护服务,团购平台有着极大的价格优势,这也是那些在团购网站选择汽车服务最核心的一个原因所在。

但是从目前团购网站的整体现状来看,选择看电影、餐饮、KTV等几个少数领域比较多,选择汽车美容养护服务的用户却非常少,原因如下:

(1)很多汽车服务商只是把团购网站当成一个宣传和促销的入口,并没有打算把他们发展成长期的合作伙伴,他们希望借助团购平台发展一些线下会员,但往往都会事与愿违,选择团购服务的用户在经济实力上大都不是非常雄厚的一类消费群体。

(2)不排除有部分汽车服务商对团购用户的服务态度同样非常好,但是多数服务商多少还是会有些区别对待,这也注定了对服务质量要求非常高的汽车美容养护服务仅仅靠团购是很难做大做强的。

七、垂直媒体

作为国内率先涌入汽车交易市场的汽车垂直媒体也纷纷涌入汽车服务市场,于是汽车之家推出了养车之家,易车网推出了汽车管家。

(1)对行业理解深。对于汽车垂直媒体来说,他们多年来一直都在这个领域为用户提供汽车资讯、导购等服务,对于汽车经销商以及整个汽车行业包括汽车消费者等非常了解。对于汽车服务市场这个细分领域而言,他们同样也有着自己非常深刻的理解,这对于他们打造汽车服务市场平台将会显得得心应手。

(2)行业资源丰富。垂直媒体多年来深耕于整个汽车市场,积累了大量的汽车经销商和服务商资源,这为他们展开汽车美容养护服务打下了深厚的根基。很多进入汽车养护领域的O2O平台一开始都必须借助大量的地推人员去做推广宣传,才能与足够多的汽车养护服务商达成合作,垂直媒体在这方面节省了大量的时间和成本。

（3）流量优势。垂直媒体在流量入口上相对于其他平台也有一定的优势，目前汽车之家、易车网、太平洋汽车、搜狐汽车等汽车媒体都拥有一批大量忠实的汽车爱好者在其平台上阅读资讯等，而这些汽车爱好者大多都是汽车养护市场的忠实用户和潜在用户。

（4）选择形式多样。垂直媒体所提供的汽车美容养护服务既可以让用户选择上门保养，也可以选择附近的4S店、路边维修摊等，最重要的是还能够支持比价，这样用户在选择消费时就能拥有更多样化的选择。

不过汽车媒体要想占据更多的汽车美容养护市场，还需要从以下两方面努力。

（1）培养用户在媒体上的消费习惯，很多用户浏览汽车之家、易车网等垂直媒体都是为了了解资讯信息而去的，如何把这些潜在用户转化为平台汽车养护的忠实用户还需要垂直媒体们在引导上多下功夫。

（2）目前几大垂直媒体几乎都涉及了新车交易、二手车交易、汽车金融、各种汽车后市场服务等领域，涉及范围非常之广。这样既有好处，但同时也带来了平台精力、资金等各方面的分散，尤其是在移动端，垂直媒体所推出的汽车养护APP都是与原来的媒体平台单独分开的，如何进行资源的有效整合对于垂直媒体来说也将是一个挑战。

总体看来，在未来几年的时间里，汽车美容养护还将会是一个资本继续搏杀的领域，大多数的汽车美容养护O2O平台最终都将在大海中沉沦，这个领域也必将会出现上门与到店通吃的垂直O2O巨头。

第四节　汽车美容与养护创新经营模式实例

1. 目标问题

如何打破汽车美容养护业同质化竞争格局？

2. 核心创新

汽车美容"星级服务"。

3. 解决方案

转型汽车美容养护市场，成立汽车美容工作室。国外百万以上的汽车基本去工作室施工，而中国的汽车美容工作室风潮也慢慢来临。针对车主个性化需求，汽车美容工作室能量体裁衣，为顾客度身订造汽车美容养护套餐。而精湛的施工工艺、人性化的美容项目组合、独一无二的顾客服务体验，以及一体化、透明化、不可模仿性均成为汽车美容工作室决胜的关键所在。

4. 案例分析

常见的汽车美容服务仅限于洗车、打蜡等比较简单的维护项目，使得很大一部分汽车美容店渐渐沦为了洗车店。而今，一方面，单单洗车和打蜡已经远远不能满足汽车爱好者的需求，一些针对汽车性能提升和改善驾车环境的项目正成为美容行业的利润来源；另一方面，随着我国汽车美容市场的角逐者越来越多，激烈的竞争将整体上拉低行业的利润水平，特别是诸如洗车、打蜡等技术含量较低的业务，其利润空间将越来越小。为了保持盈利，汽车美容养护企业必须不断拓展其他利润空间较高的新业务，开发高端美容养护项目。而汽车美容工作室就是顺应时代潮流而生的新事物，其盈利也将是传统汽车美容店收入的2～3倍。

第三章　汽车美容与养护经营模式分析与创新

图 3-1　某汽车美容养护店

5.创新方法

差异化创新。差异化是指企业在顾客广泛重视的某些方面,力求在本产业中独树一帜。差异化的领域主要有有形和无形两方面。有形方面通常是围绕着产品的内容来进行的,如产品的设计与生产、交货系统及其促销活动等一系列内容。无形方面通常是指产品的服务,在消费者购买产品时,不仅购买产品本身,而且希望得到可靠而周到的服务。企业的质量、服务承诺、服务态度和服务效率,已成为消费者判定产品质量,决定购买与否的一个重要条件。产品生产或服务针对每个群体甚至每个人的不同需求,而量体裁衣、度身订造,往往能最大限度地满足顾客的需求,度身订造是产品走向差异化的最高形式。

第四章 汽车金融企业经营模式分析与创新

从新车市场、二手车市场到整个后市场,汽车市场每年的业务规模为数万亿元之巨,并保持持续增长态势。而中国38%的汽车金融渗透率,远低于欧美发达国家平均超过50%的汽车金融渗透率,再考虑到汽车制造商和经销商的金融需求,中国汽车金融蕴藏着广阔的市场空间。据预测,到2025年,汽车金融业将有5 250亿元市场容量。

目前,从购车前、购车中到购车后,其间每一个环节,都在迅速互联网化和金融化;再加之消费者尤其是年轻消费群体对互联网化消费和金融方式的接受度越来越高,加入汽车互联网金融市场角逐的巨头越来越多,创新业态不断产生并壮大,中国汽车互联网金融的市场空间将爆发出巨大潜力。

第一节 汽车金融

一、汽车金融的定义

汽车金融,是指汽车的生产、流通、购买与消费环节中融通资金所产生的金融活动,主要包括资金筹集、信贷运用、抵押贴现、证券发行与交易,以及相关保险、投资活动,是汽车制造、流通、维修服务与金融业相互结合渗透的必然结果。

20世纪20年代初,为了促进汽车销售,美国的汽车生产厂家组建了自己的金融公司,通过占用自身资金流的方式为消费者提供分期付款的服务,开始了汽车信贷消费的历史。

二、中国汽车金融的发展历程

2004年以后,中国汽车消费信贷开始向专业化、规模化方向发展。而前期汽车金融业务的重要参与者——商业银行,也并没有就此归于沉寂,他们一方面通过彼时开始萌芽的信用卡分期业务在消费信贷领域同汽车金融公司开展竞争,另一方面则依托商业银行在汽车生产厂家扩大产能之际,纷纷切入各大汽车集团新建生产基地的项目融资,并沿着产业链条逐步开展对汽车经销商的预付款融资和库存车融资,将信贷的投放上移到生产制造环节和批发环节,海量的资金涌入和信贷支持也间接推动了中国汽车行业维持至今的10年发展黄金期。

中国汽车金融的发展起始于国内汽车产业开始启动的20世纪90年代初,虽然到目前仅有20多年的发展历程,但也受汽车产业布局和信贷政策调整等诸多方面的影响,经历了从诞生到爆发式发展,再到后期的剧烈震动,直至最终趋于稳步发展的阶段。

汽车金融在定义上有广义和狭义两种。广义的汽车金融涵盖汽车零部件生产、汽车整车生产、汽车经销商购入库存和一般消费者购买汽车等各个环节内发生的资金融通行为。狭义的汽车金融主要是指在汽车的流通环节中融通资金所产生的金融活动,包括对经销商的建店贷款、设备融资和库存车融资以及对汽车消费者的消费贷款、融资租赁和车辆保险等。

三、中国汽车金融整体发展现状与竞争格局

随着竞争加剧和新车利润下降,经销商逐渐将盈利中心转向汽车后市场业务。随着汽车消费意识的普及,汽车消费者对于二手车贷款、融资租赁、汽车相关衍生产品的融资需求也日益增长。

从政策层面来看,汽车金融相关制度逐渐突破,未来将有更大作为。在终端零售客户方面,常规贷款产品短板开始显现。首先,随着客户对汽车金融业务体验要求的不断提高,贷款申请效率及便捷程度已成为利率之外另一重要考量因素。其次,由于保险、汽车装潢等均为购车成本的重要组成部分,传统贷款往往只针对车辆本身提供融资的方式也开始无法满足市场需求。另外,原有法规针对二手车贷款50%首付比例的要求,也降低了汽车金融对于二手车贷款客户的吸引力,并在一定程度上影响了二手车市场加快车市流通作用的充分发挥。

上述情况在2016年已经有所改变。2016年3月末,中国人民银行与原中国银行业监督管理委员会联合下发了《中国人民银行与银监会关于加大对新消费领域金融支持的指导意见》,允许汽车金融公司在向消费者提供购车贷款(或融资租赁)的同时,根据消费者意愿提供附属于所购车辆的附加产品的融资,同时也放宽新能源车与二手车首付比例至15%和30%。随着市场的不断成熟,政策的不断跟进,汽车金融未来将有更大作为。

从市场参与主体来看,市场竞争更加激烈,传统汽车金融市场主体正面临严峻挑战。一方面,我国汽车金融市场仍由商业银行、汽车金融公司和汽车厂商财务公司占主导地位。但随着融资租赁公司、汽车租赁公司、消费金融公司和互联网金融公司等机构的广泛介入,加之小贷、担保、典当、第三方支付等越来越多地充当贷款中介,传统的汽车金融市场主体正面临着严峻挑战。另一方面,汽车集团、经销商和汽车消费客户的融资选择也发生了较为明显的变化。如经销商大集团向国际市场融资、汽车主机厂向市场融资、个体经销商向民间融资、汽车消费贷款客户则通过P2P平台融资,融资方式的改变也促使市场竞争越发激烈,其风险也在不断增高。

第二节 汽车金融公司

如今的金融业早已脱离了商业信用时代,产生了大量不针对某个特定行业的综合性金融机构,我国也是如此。无论什么行业在国民经济中的地位多么重要,都没有必要设立与之部门相对应的金融机构。但汽车金融公司似乎是一个例外。在美国,从事汽车金融服务的机构除了商业银行、信托公司、信贷联盟等传统综合性金融机构以外,在汽车金融市场中起着主导作用的是专业性的汽车金融公司。这是因为汽车行业是一个特殊的行业,这种特殊性使得专业性的汽车金融机构具有许多一般商业银行所不具备的优势。汽车金融公司是从事汽车消费信贷业务并提供相关汽车金融服务的专业机构。目前,汽车金融已经取代汽车制造业和汽车营销部门成为汽车产业的核心,上可为制造业提供资金支持,下可连通消费市场,为产品设计、生产流程等起到指导作用。

一、汽车金融公司的定义

由于各国金融体系的差异,业务功能的不同,加之汽车金融公司在金融资产中所占份额的有限,故国际上对汽车金融公司尚没有统一的定义。下面是关于汽车金融的几种定义。

(1)美国联邦储备委员会对汽车金融公司的间接定义。美国联邦储备委员会将汽车金融服务公司划入金融服务体系的范畴,它是从金融服务公司业务及资产组成的角度对汽车金融服务公司进行间接定义的:"任何一个公司(不包括银行、信用联合体、储蓄和贷款协会、合作银行及储蓄银行),如果其资产中所占比例的大部分由以下一种或多种类型的应收款组成,如销售服务应收款、家庭或个人的私人现金贷款、中短期商业信用(包括租赁)、房地产二次抵押贷款等,则该公司就称为金融服务(财务)公司。"从这一定义中可以间接得出汽车金融公司的两大主要特点:①汽车金融公司的服务对象主要是个人金融消费者;②应收账款类的金融资产是公司的主要资产。

(2)美国消费者银行家协会对汽车金融服务公司的定义。汽车金融服务公司以个人、公司、政府和其他消费群体为对象,以其获取未来收益的能力和历史信用为依据,通过提供利率市场化的各类金融融资和金融产品,实现对交通工具的购买与使用。该定义对汽车金融服务的对象进行了扩展,其服务对象包括个人、公司、政府和其他消费群体,强调服务对象的未来收益能力和历史信用。

(3)福特汽车信贷公司对汽车金融服务的定义。作为全球汽车融资行业领头羊的福特汽车信贷公司,其对汽车金融服务的定义是:以专业化和资源化满足客户和经销商的需要,为经销商和客户提供金融产品和服务,包括为新车和租赁车辆提供融资以及提供批售融资、抵押融资、营运资金融资、汽车保险、库存融资保险等金融服务,同时围绕汽车销售提供金融投资服务。

(4)原中国银行业监督管理委员会对汽车金融公司的定义。按照《汽车金融公司管理办法》的定义,汽车金融公司是指经原中国银行业监督管理委员会批准设立的,为中国境内的汽车购买者及销售者提供金融服务的非银行金融机构。

以上列举的关于汽车金融服务和汽车金融公司的定义的描述中有其共性,也有不同之处,不同之处在于汽车金融公司都是提供汽车金融服务的机构,但各个机构因为立场不同在表述上有所差异,界定的产品或者服务不尽相同。从美国联邦储备委员会对金融公司的定义中可以间接得出汽车金融公司的两大主要特点:汽车金融公司的服务对象主要是个人金融消费者;应收账款类的金融资产是公司的主要资产。美国消费者银行家协会对汽车金融服务的对象进行了扩展,其服务对象包括个人、公司、政府和其他消费群体,强调服务对象的未来收益能力和历史信用,突出金融服务的信贷消费的主要特点。作为真正提供汽车金融服务的实体机构,福特汽车信贷公司对汽车金融服务的定义强调专业化、资源化,提供实实在在的产品和服务,指出其包括融资、保险和金融投资服务三类主要服务。原中国银行业监督管理委员会对汽车金融公司的定义最具现阶段实际操作指导性,同时也是我国汽车金融公司必须遵循的原则。其中有三层含义:第一,汽车金融公司是一类非银行金融机构,而一般的汽车类企业;第二,汽车金融公司专门从事汽车贷款业务,其业务不同于银行和其他类非银行金融机构;第三,其服务对象确定为中国大陆境内的汽车购买者和销售者。汽车购买者包括自然人和法人及其他组织;汽车销售者是指专门从事汽车销售的经销商,不包括汽车制造商和其他形式的销售者。

综上所述,汽车金融公司是指在汽车的生产、流通、消费与维修服务等环节中,从事融通资金服务的专业机构,是为汽车生产者、销售者、维修服务提供者和购买者提供贷款的非银行企业法人。汽车金融公司提供的金融服务可以分为两个层次:第一层次是针对汽车制造商、零部件企业的传统金融业务。如各类长、短期贷款,委托贷款,银行承兑汇票融资贴现,保函,保险理赔业务等金融产品,为汽车整车及零部件生产企业进行项目融资和营运资金融通等服务。第二层次是针对流通和消费环节提供的金融服务,主要是汽车消费信贷、融资租赁、经销商库存融资、营运设备融资等零售业务。

二、汽车金融公司的特征

通过对国内外汽车金融公司的比较分析,汽车金融公司具有如下的特征。

1. 性质的多样性

汽车金融公司多为大汽车集团的全资公司,具有三重性:①产业性。汽车金融公司与汽车产业的兴衰息息相关,汽车金融公司在汽车产业的调整发展中产生并繁荣发展。相应地,汽车金融的发展又极大地促进了汽车产业的发展。总之,汽车金融实现了产业资本与金融资本的完美对接。②金融性。汽车金融公司是经营货币资金的特殊的金融服务机构。由于它几乎提供了与汽车消费有关的所有的金融业务,涉及汽车消费与贷款的方方面面,所以实现了资金积累与运用的金融职能。③企业性。汽车金融公司的企业性主要表现在三方面:一是汽车金融公司对汽车集团具有很大的依赖性,由其出资设立;二是汽车金融公司为汽车集团服务,为汽车集团的汽车生产及销售提供支持,加强汽车集团与用户的联系;三是汽车金融公司虽是汽车集团的全资公司,但同时其具有独立核算的企业法人地位。

2. 业务的多元化

汽车金融公司几乎涉及汽车消费的所有业务,是一个附加值相当大的领域,是一项复杂的工程。其业务体现在对汽车生产制造企业、汽车经销商、汽车消费者和汽车金融服务市场的服务上。多元化体现在以下方面:①融资对象多元化,即汽车金融公司不再局限于只为本企业品牌的车辆融资,而是通过代理制将融资对象扩展到多种汽车品牌。②金融服务类型多元化,将传统的购车信贷扩大到汽车衍生消费及其他领域的个人金融服务,这些衍生业务起到了和消费信贷业务相互促进的作用,满足了汽车消费者多方面的金融需求。③地域的多元化,即根据不同地区的客户需求提供相应的汽车金融服务产品,不同地区的客户选择任何方式消费汽车均可获得相应的金融支持。

3. 作用的全面化

国外的发展经验表明,汽车金融服务的运营集合了汽车产业及其延伸的相关产业链上各方合作者的经济利益并对其具有实质性影响,产业之间的联动效应,使得汽车金融的调整发展可以增加经济附加值。①汽车金融公司与大企业互动发展。汽车金融公司的业务发展给汽车集团的发展解除了资金枷锁,提高了其竞争力,促进了汽车产业的发展。②有效利用金融资源,健全金融体系。突出表现在缩短了制造—经销—购买这一循环时滞,促进了商品流通,有效配置了社会资金资源。③汽车金融的发展能够完善个人金融服务体系,其采取专业化服务,分散了风险,促进了信用经济的发展。

4. 设立方式多样化

依照投资主体的不同,汽车金融公司的设立方式目前主要有以下三种:①由主要的汽车制造企业单独发起设立的汽车金融公司。这种汽车金融公司属于"大汽车制造企业附属型"。目前世界上几家大的汽车金融公司都属于这种类型。②主要由大的银行、保险公司和财团单独或者联合发起设立的汽车金融公司。这种汽车金融公司被称为"大银行财团附属型"。以上两种"附属型"汽车金融公司根据与被附属母公司的关系紧密程度,又可以进一步划分为"内部附属"和"外部附属"两种类型。"内部附属"指汽车金融公司在所依附的母公司内部存在和运行,与母公司的关系较为紧密,或者是母公司的一个从事汽车金融服务的部门,分别对内对外以两种不同的名称和牌子出现。这种现象在国外一些大的汽车制造公司在中国所设立的即将开展汽车金融服务的公司(办事处)中比较常见。"外部附属"指与母公司有相对的独立性,不但拥有独立法人资格,而且在业务上独立运作。③没有母公司,以股份制形式为主的独立型汽车金融公司。这种汽车金融公司规模一般较小,股东来源较广泛。在美国绝大部分汽车金融服务公司都是以这种方式存在的。这种公司在提供金融服务的汽车品种品牌上没有完全固定,相对比较灵活。应该提出的是,大型汽车制造厂商"附属"的汽车金融公司一直在汽车金融领域占据垄断地位,是汽车金融服务的最大提供商。造成这种现象的原因是其熟悉汽车产业,与母公司和消费者紧密联系,有丰裕的资金来源、健全的营销网络和高效率的服务流程,能提供与汽车消费和使用相关的全方位配套金融服务,使车辆和金融产品的定价更趋合理,大大扩展了汽车产业的价值链,促进了汽车产业与汽车金融服务业进一步融合与发展。

5. 经营专业化

在风险控制方面,专业汽车金融公司能够根据汽车消费特点,开发出专门的风险评估模型、抵押登记管理系统、催收系统、不良债权处理系统等。在业务营运方面,汽车金融公司对于金融产品设计开发、销售和售后服务等,都有一套标准化的操作系统。汽车金融公司作为附属于汽车制造企业的专业化服务公司,可以通过汽车制造商和经销商的市场营销网络,与客户进行接触和沟通,提供量体裁衣式的专业化服务。汽车产品非常复杂,售前、售中、售后都需要专业的服务,如产品咨询、签订购车合同、办理登记手续、零部件供应、维护修理、保修索赔、新车抵押等,汽车金融公司可以克服银行由于不熟悉这些业务,带来的各种缺陷。这种独立的、标准化的金融服务,不仅大大节省了交易费用,而且大大提高了交易效率,从而获得了规模经济效益,同时给消费者带来了便利。

6. 管理现代化

管理现代化指现代信息技术在汽车金融服务的业务操作和风险评估过程的广泛应用。未来趋势是充分利用国际互联网开展业务。汽车金融服务的现代化对提高效率、降低成本具有重要意义。作为一项以零售金融为主的金融服务,交易方式和手段的现代化是必由之路。例如大众金融服务公司的"直接银行(Direct Bank)"方式,就是有别于传统银行需要设立分支机构的一种创新,它不再通过设立分支机构招揽客户,而是充分利用信息化的便利,将汽车经销商、客户和金融机构的信息通过网络联系起来,代表了类似汽车消费信贷一类零售银行业务未来的发展趋势。

7. 竞争国际化

汽车金融服务的国际化源于经济全球化。经济全球化大大推进了汽车工业在全球范围内的重组,汽车工业跨国公司在全球范围内组织生产、销售和提供金融服务。目前通用、福特、丰田、大众已垄断了全球汽车市场的70%,相应的金融服务也在走向联合和代理。①一些小型汽车金融服务机构由于效率和交易成本在市场竞争中处于劣势,寻求并入大的金融公司,这一趋势随着汽车工业近10年来在世界范围内的重组得到进步增强,目前占据世界主要汽车市场的跨国汽车集团,也同时占据了相应市场的汽车金融服务。②经济全球化特别是金融及货币一体化的促进。比如在欧元区,大众金融公司推出的汽车贷款在业务品种、利息及费用方面均保持一致。③随着客户规模对汽车金融服务间接费用及资产收益影响的增大,通过开展全球化的金融业务,可以提高规模效益。④汽车金融服务全球化的形式正趋于多样,从品牌融资代理到设立分支机构的方式均不鲜见,改变了以往设立全资子公司的单一形式。跨国汽车金融服务机构通过全资、合资、合作、代理融资等方式正在全球范围内展开激烈竞争。我国作为全球范围内潜力最大的汽车消费市场,随着汽车市场的升温,在《汽车金融公司管理办法》出台后,必然也要加快融入这一竞争领域。

三、汽车金融公司与其他汽车金融服务机构的比较分析

汽车金融服务模式及汽车金融产品层出不穷,在我国的汽车金融市场,根据服务主体的不同,可将提供汽车金融服务的机构分为三大类。第一类为综合性商业银行提供的汽车金融服务,主要以四大商业银行为代表;第二类为专业汽车金融公司,如上汽通用汽车金融公司、福特汽车金融(中国)有限公司等;第三类为国内大汽车企业集团财务公司提供的汽车金融服务,例如一汽集团财务公司、东风汽车财务公司等。

三类提供汽车金融服务企业的差别如下。

1. 企业性质(所有制)不同

第一类企业主要是国有企业,现在四大国有商业银行仍然是国有控股;第二类企业主要是外商独资和中外合资企业;第三类企业主要是由集团公司控股,其他股东构成情况则相对复杂。

2. 与汽车制造企业的关系不同

综合性商业银行与汽车制造企业无关系,对汽车产业链不熟悉,对汽车知识了解不深;而后两类企业与汽车制造企业都有着紧密的关系,且熟悉整个汽车产业链,它们设立之初的目的就是为本身的汽车制造企业服务。

3. 业务范围不同

综合性商业银行的业务范围根据《中华人民共和国商业银行法》第三条的规定主要有:吸收公众存款;发放短期、中期和长期贷款;办理国内外结算;办理票据贴现;发行金融债券(代理发行、代理兑付、承销政府债券;买卖政府债券;从事同业拆借;买卖、代理买卖外汇);提供信用证服务及担保;代理收付款项及代理保险业务;提供保管箱服务等。根据《汽车金融公司管理办法》规定,汽车金融公司的业务范围包括:接受境外股东及其所在集团在华全资子公司和境内股东3个月(含)以上定期存款;接受汽车经销商采购车辆贷款保证金和承租人汽车租赁保证金;经批准,发行金融债券;从事同业拆借;向金融机构借款;提供购车贷款业务;提供汽车经销商采购车辆贷款和营运设备贷款,包括展示厅建设贷款和零配件贷款以及维修设备贷款等;

提供汽车融资租赁业务(售后回租业务除外);向金融机构出售或回购汽车贷款应收款和汽车融资租赁应收款业务;办理租赁汽车残值变卖及处理业务;从事与购车融资活动相关的咨询、代理业务;经批准,从事与汽车金融业务相关的金融机构股权投资业务;经原中国银行业监督管理委员会批准的其他业务。《企业集团财务公司管理办法》第三章第二十八条规定,财务公司可以经营下列部分或者全部业务:对成员单位办理财务和融资顾问、信用鉴证及相关的咨询、代理业务,协助成员单位实现交易款项的收付,经批准的保险代理业务,对成员单位提供担保,办理成员单位之间的委托贷款及委托投资,对成员单位办理票据承兑与贴现,办理成员单位之间的内部转账结算及相应的结算、清算方案设计,吸收成员单位的存款,对成员单位办理贷款及融资租赁,从事同业拆借,原中国银行业监督管理委员会批准的其他业务。另外,经原中国银行业监督管理委员会批准,几大汽车制造企业的财务公司(主要有一汽、东风、上汽)都获得了提供汽车消费信贷业务的资格。

从上述法律和管理办法规定来看,汽车金融公司的业务范围最窄,融资渠道也较单一。另外根据《汽车金融公司管理办法》第十二条的规定,汽车金融公司不得设立分支机构,而根据《中华人民共和国商业银行法》第十九条规定,商业银行是可以在需要的地方经过批准设立支机构的,而据《企业集团财务公司管理办法》第十七条和第八条的规定,财务公司根据业务需要,经原中国银行业监督管理委员会审查批准,可以在成员单位集中且业务量较大的地区设立分公司,但财务公司的分公司不具有法人资格,由财务公司依照本办法的规定授权其展开业务活动,其民事责任由财务公司承担。财务公司根据业务管理需要,可以在成员较集中的地区设立代表处,并报原中国银行业监督管理委员会备案。

汽车金融公司有如下竞争优势。

1. 技术优势

汽车金融公司熟悉汽车市场行情,拥有汽车方面的技术人员和市场销售人员,能够较准确地对贷款客体做出专业化的价值评估和风险评估,在处理抵押品和向保险公司索赔等方面具有熟练的专业技巧。而且汽车金融公司以汽车信贷为主业,能够专心致志地做好汽车信贷的贷前、贷中、贷后的管理。

2. 经营关系优势

汽车金融公司一般都隶于某一汽车集团,其服务的对象主要是本集团所生产的各种汽车品牌,因此汽车金融公司与其服务的品牌汽车生产商同属一个集团,便于协调和配合,不存在根本的利益冲突。生产厂商和经销商经过长期的合作,已经形成比较稳定业务关系,二者相争依存、相互制约。在我国经销商甚至还处于弱势地位,一定程度上受生产厂商的控制,汽车金融公司可以利用生产厂商对经销商施加影响,取得经销商对汽车信贷业务的积极配合,便于开展业务,减少信贷风险。某一品牌的汽车一般都有专业的特约维修商,生产商、经销商和特约维修商都是利益相关者,因此汽车金融公司、生产商、经销商、特约维修商通过某种协议可以成为一个紧密的利益共同体,在业务经营中互相关照。

3. 服务优势

不同于商业银行汽车信贷业务只能赚取利息收入,汽车金融公司可以与生产厂商、经销商、汽车维修商达成某种协议,为汽车生产、销售、维护修理、旧机动车回购、以旧换新等各个业务环节提供资金服务,大大拉长了产业链,便于资源整合、业务创新、灵活操作。例如,在汽车销售不畅时,汽车金融服务公司通过发放低利率贷款促进本品牌汽车的销售,不以盈利为主要目的,其利润或损失可以通过与生产厂商、经销商、维修商的利润分成来获得或弥补,因此与银行相比汽车金融公司可以较低的利率提供资金服务,具有价格竞争优势。而在贷款期间,客户会经常与产业链中的某个环节发生业务联系,如果能实现信息共享,汽车金融公司就能时刻监督贷款客户的经营状况和还款能力,确保贷款安全。

4. 管理技术优势

在多年的业务开展中,几大汽车金融公司都已开发并成功应用了先进成熟的计算机业务管理系统,它们的汽车金融服务网络涵盖了汽车贷款业务的申请、受理、评审、发放、贷后管理等各个环节,具有高效科学的优势。

5. 适应客户和快速反应能力

在风险控制、产品设计开发、销售和售后服务等方面,专业汽车金融公司都有一套标准化的业务操作系统,其机构的设置和业务流程的设计都是围绕如何方便经销商和购车客户的角度考虑的,能够对客户的需求做出快速反应,赢得规模经济优势。

6. 客户选择优势

在汽车的服务环节之中,汽车金融公司对客户有着深入的了解,同时又处于第一选择者的地位,可先选择诚信度较高的优质客户,从而降低逆向选择的风险,也将在与其他金融机构的竞争中处于有利地位。

此外,专业汽车金融公司比商业银行更具明显的竞争优势,原因有以下三点:①和母公司的利益紧密相关。汽车金融公司或者财务公司是汽车主机厂的附属全资子公司或者控股子公司,与母公司的利益血肉相连,因此能保证汽车主机厂稳定的金融支持。不管经济是否景气,汽车市场行情销量好坏与否,汽车金融公司的主要目的之一就是促销母公司的汽车产品,因此肯定能得到母公司的一如既往的支持。而商业银行不同,其支持力度受宏观经济的经济周期影响,经济不景气时,由于缺乏直接的利益关联,银行为了减少风险很可能收缩汽车金融服务业的规模,这对汽车产业的规模经济效应会构成严重影响。而汽车金融公司不同,在不景气的时候,他们往往会推出显然是亏损的低利率汽车贷款甚至零利率汽车贷款,以此来换取汽车销量的增长,当然与此同时母公司会把汽车销售上的利润补贴到汽车金融公司中。这就是汽车贷款不挣钱,汽车销售来补。这对商业银行来说,很难做到这一点。②经营的专业化程度高。与银行相比,专业化是汽车金融公司的最大区别。在风险控制方面,专业的汽车金融公司能针对汽车消费的特点,开发出专门的风险评估模型、抵押登记管理系统、催收系统、不良债权处理系统等。在业务运营方面,汽车金融公司对于金融产品设计开发、销售和售后服务等,都有一套标准化作业的系统。这样独立的、标准化的金融服务,不仅大大地节省了交易费用,而且提高了交易效率,从而获取了规模经济化的优势。③提供多种多样的综合金融服务。广义的汽车金融服务不仅覆盖了汽车售前、售中、售后的全过程,而且延伸到汽车消费相关领域。汽车金融公司除了提供购车贷款外,还提供包括融资租赁、购车储蓄、汽车消费保险、信用卡等服务。相比之下,银行的服务则比较单一,可能仅限于汽车贷款。事实上,购买汽车是一次性行为,但汽车消费则属于经常性行为。汽车金融公司将金融服务延伸到汽车消费领域,既增加了金融服务的功能,又有利于经常监控客户风险。

因汽车市场持续低迷,新车销售出现疲软,给以汽车个人消费信贷为主要业务的汽车金融公司带来了不小的冲击。不少公司开始在金融产品创新、打造多元化融资体系、优化升级客户服务质量等方面发力,以更为高效、优质的金融服务积极应对市场变化。

第三节 汽车金融产品的设计与开发

一、汽车金融产品的定义

汽车金融产品类似于金融产品,泛指以汽车交易及消费使用为目的来融通资金所进行的金融结构(数量、期限、成本等)、金融策略设计及相应的法律契约安排,是现实中汽车金融服务所面临的各种问题的解。汽车金融产品是立足市场的供需状况,以商品标的物汽车的价值为基础,以服务为手段,以金融运作为主体,以不同群体的消费需求为对象所设计、开发出的系列化的可交易金融工具、金融服务以及各种金融策略的设计方案,具体的金融产品包括以下三方面:第一,围绕价格最优化方面的汽车金融产品。它是指以减少汽车消费者购车成本,成功进行汽车销售为目的,以汽车销售价格为重点的汽车金融产品,实际上是通过合理的金融设计、金融策划,使汽车营销的价格在销售各方面能够承受的范围内最优化,如价格浮动式汽车金融产品、规模团购式汽车金融产品等。第二,围绕规避销售政策、制度开发的汽车金融产品。这类汽车金融产品的目的是为了消除政策、制度等社会管理因素对消费者消费能力、消费方式的限制而设计、开发的产品,特别以释放消费者未来购买力、培养消费者新的消费方式为重点,如投资理财式汽车金融产品等。第三,围绕汽车消费过程中所必需的服务环节的便利性、经济性和保障性开发的汽车金融产品,如融资租赁、汽车保险、购车储蓄、汽车消费信用卡等。

二、汽车金融产品的特点

汽车金融产品的特点由作为一般使用商品的汽车和作为汽车金融服务的契约关系两大因素来决定。

(1)汽车金融产品的复合性。汽车金融产品的复合性是指汽车金融产品是以作为交易标的物的汽车为存在及作价基础,结合了金融体系的资金融通、资本运作功能而形成的交易契约,兼有实物产品和虚拟产品的成分。汽车金融产品是有形产品和无形产品的复合。因此,汽车金融产品的特性和优点既有消费者可观摩的一面(汽车产品),也有无法向消费者展示的一面(金融服务),顾客的购买行为是以汽车产品的使用价值和汽车金融公司的社会信誉和金融服务的质量特点为基础来实施的。

(2)汽车金融产品的精密性。汽车金融产品要求在产品的设计,包括价格、交易结构、赢利模式及现金风险管理等方面都要考虑得很周全。要应用金融工程和数理统计有关原理进行分析与计算。与股票、债券、银行存款等大众化的金融产品相比,汽车金融产品是一种较为复杂的金融商品。对于投资者来说,只要知道存款本金和利率,股票的买入价和卖出价,债券的票面价格和利率,就很容易计算出其收益率。在这里,交易的主动权是在投资者手中而不是在银行、债券公司。而汽车金融产品牵涉信贷金额的额度、缴纳方式、责任、利率等一系列复杂问题。由于涉及未来收益向现阶段消费的转移问题,其中的不确定性使汽车金融产品的价值很难明确计算。

(3)汽车金融产品的风险性。它主要是指汽车金融产品的价格受到来自汽车生产企业和金融市场的双重影响比较大,其价格的变数较多。另外,消费者的个性化要求,使汽车金融产品越来越具有可变性。汽车金融服务产品的样本差很小,购买者在大范围的统计和调查中具有很大的相似性。样本差的参数可以选择平均收入、年龄、教育层次等,在社会地位、家庭收入、消费习性、职业定位上具有同构性。这样一方面是汽车金融服务产品的开发销售指向具有同一性,节约开发销售成本;另一方面在汽车金融服务产品的风险控制上增加了难度,使其风险方差增大。

(4)服务的延续性。这是汽车金融产品所独有的特点。因为消费者在购买汽车金融产品后,除汽车产品在使用中外,其他服务都在以后才能得以延续完成。

(5)汽车金融产品合同条款相对稳定性与复杂性。由于汽车金融产品的条款具有法律政策的背景,利率、期限和现金数量等依据一定的通用公式和平均大数原理得出,所以具有相对稳定性,其专业性特点也决定了它具有复杂性的特点。

(6)费率的固定性与微差异性。汽车金融产品一方面有一些费率相对稳定,如利息、时间、首付款额等,各公司之间变化不大,具有一定的固定性,而有一些附加费部分,如汽车金融公司由于营业开支的各种费用,受各公司规模、经营管理水平、资金运作水平等多方面的影响,存在差异性。

(7)汽车金融产品的时效性。汽车金融产品一旦成功销售,一般都有数年时间,根据国家、地区不同而不同。

(8)汽车金融产品的选择性。汽车金融公司并不是将汽车金融产品销售给任何一个愿意购买者,而是要对购买者进行风险选择,以避免风险,因此其销售具有选择性。

三、汽车金融产品设计开发的一般程序

开发准备工作包括汽车金融服务市场细分与目标市场的选择。对汽车金融服务市场进行细分,是汽车金融公司开发新产品不可缺少的步骤。市场细分就是公司根据顾客需求方面明显的差异,把某一产品的市场整体划分为若干个不同的买主群的市场区分过程,即公司把某一产品的整体市场按一种或几种因素加以区分,形成不同的顾客群,每一组顾客群就是一个细分市场,即"子市场"。每个细分市场都是由具有类似需求倾向的顾客组成,分属不同细分市场的顾客对同一产品的需求与购买行为、习惯存在着明显的差异。市场细分的目的是为了选择合适金融产品和资源条件的目标市场,因此,细分市场应遵循以下基本规则。

(1)可衡量性原则。它是指细分的市场必须是可以识别和可以衡量的,亦即细分出来的市场,不仅范围比较清晰,而且也能大致判断市场的大小。为此,据以细分市场的各种特征应是可以识别和衡量的,如高收入阶层和低收入阶层。凡是无法识别、难以测量的因素或特征,就不宜作为市场细分的依据。

(2)可接受性原则。它是指经过细分的市场,可利用人力、财力、物力去占领。可接受性有两层含义:一是细分后的市场有能力去占领,如通过自身的营销努力,可达到被选定的细分市场;二是被确定的细分市场的需求者能有效地了解产品,并能够通过各种渠道购买所需产品。

（3）效益性原则。它是指细分出来的市场，必须有足够的需求量，不仅能保证短期内盈利，还能保证较长时期的经济效益和发展潜力，使得在细分的市场上不断扩大规模，提高它的竞争能力。

汽车金融产品的市场具体可以细分为以下几种。

（1）地理细分。即按汽车金融产品购买者所处地理位置、自然环境来细分市场。地理细分的理论依据是：处在不同地理位置的购买者对于同一类汽车金融产品有着不同的需求和偏好，他们对价格、销售渠道、广告宣传等市场营销措施的反应往往也有所不同。

（2）人口细分。它包括汽车金融产品购买者的年龄、职业、收入、受教育水平、家庭规模、家庭生命周期等因素。人口因素构成较为复杂，但不难衡量，这些因素与汽车金融产品需求存在着密切的关系。

（3）社会阶层细分。其重点在于社会的不同富有层次的划分，受教育水平的划分和社会地位的划分。一般采取统计测定的方法确定各阶层的人数，然后研究他们使用各种汽车金融产品的频率，从而描述出不同阶层的特点和模式，研究为不同阶层提供汽车金融产品的可行方案和服务标准；针对各收入阶层不同的服务需要，开发有针对性的汽车金融产品。

（4）产品细分。它是指其他汽车金融公司的汽车金融产品、业务市场细分，包括汽车金融产品的营销数量、结构和市场占有情况。通过这种细分，可以将汽车金融产品分为大量使用、中度使用、较少使用三个类别，在此基础上，计算市场占有率，以便制定出重点开发和重点巩固的产品方向。

选择汽车金融产品的目标市场必须依据以下的基本原则。

（1）存在市场需求原则。公司所要提供的产品或服务具有潜在的市场需求，明确其他公司没有提供这种产品或服务，或者虽有提供但需求未得到充分满足，尚处于供不应求的状况。

（2）能够提供充分的经济回报原则。公司的性质决定了追求利润最大化是其主要目标之一。

（3）实行专业化经营原则。这种战略追求的并不是在较大市场上占较小份额，而是在较小的细分市场上或几个市场上占有较大的份额。

第四节　汽车金融创新模式

在互联网＋的浪潮下，汽车金融的先驱们积极探索汽车金融创新模式，出现了依托于汽车电商及搭建互联网汽车金融平台两种模式。

一、依托于汽车电商模式

在汽车电商模式的探索过程中，出现了如下模式。

1. 电商广告、媒体电商模式

汽车厂商在电商平台开设旗舰店，通过售卖小额代金券、优惠券将客户引流到线下4S店，平台按照广告费＋引导注册（Cost Per Leads，CPL）线索的方式收费，其中的代表是京东和阿里。

2. O2O 或者 C2B(Customer to Business,消费者到企业)模式

用户在线上发布购车需求,支付少量订金来强化购车意向,随后平台将客户引向线下 4S 店进行交易,平台按成交 CPS(Cost Per Sales,按销售付费)的方式向 4S 店收费,与 Truecar 相似。该模式优化了用户线下询价体验,但平台无法掌控车源、定价权以及用户线下的体验,而且盈利模式并不清晰。类似 O2O 模式的有团车网、小马购车等。

3. B2C 模式

平台自己采购车源,控制定价权,用户在线上交少量订金锁定车源,去平台合作的线下 4S 店渠道进行交车服务,易车商城和汽车之家商城的一口价就是其中的代表。这个模式看似完美,但整车厂商为了照顾经销商体系的利益,出售的往往是库存车和滞销车,再者售车环节本身很难挣钱,平台没法巨量补贴在线上形成真正有杀伤力的价格来吸引用户。

由于整车厂商和 4S 店绝对的利益共同体关系,外部电商平台很难分到一杯羹;而且很多电商平台是垂直汽车媒体起家,业务上十分依赖整车厂商的广告和 4S 店销售线索收入,所以汽车电商总是很难大展拳脚。

二、搭建互联网汽车金融平台模式

尽管汽车电商还存在诸多限制,但是汽车金融仍是资本追逐的目标,很多互联网公司还在探索互联网汽车金融的模式,尝试直接搭建互联网汽车金融平台,主要代表有阿里车秒贷、优信二手车金融和易鑫车贷等。

1. 阿里车秒贷

阿里车秒贷通过搭建平台,和汽车厂商以及金融公司合作,利用蚂蚁金服的大数据评分系统提供相关风控能力。用户选定车型后,在线申请贷款,短则几分钟,长则几个小时便可获得审批结果短信,通过后拿着短信上面的核销码便可以到 4S 店去进行买车流程。

阿里车秒贷最明显的劣势在于不提供担保兜底及前期的无抵押贷款,导致一些线上审批通过的用户到线下可能还得走一遍合作机构的审批流程。

2. 优信二手车金融

优信开始以"半价二手车"的概念切入,用户在线上实名认证,输入银行卡号,勾选同意查询央行征信,优信会在一小时左右给出审批结果,通过后可线下购买支持金融方式的车源,而且不受车价及车型的限定,这种支持金融的车价在 5 万元～65 万元之间。这相对于传统汽车金融的"人+车"这样的风控模式来说无疑是比较大的创新。

优信的局限性在于:仅限于自营的金融产品,成本与其他融资租赁、银行、汽车金融公司相比没有优势。此外,只有几款金融产品,没有针对用户资质分层匹配不同利率的产品。

3. 易鑫车贷(易车旗下)、汽车之家和太平洋汽车金融平台

易鑫最初是汽车金融平台,把用户的贷款需求直接匹配给金融公司,后期易鑫平台做联合放款、联合风控、担保兜底等业务。为了加强线下用户体验、把控成交、提高成交转化率,也建立了庞大的电话客服中心和区域销售落地团队。

不过目前并没有特别成熟的针对线上用户的大数据在线审批授信机制,没法在线上提前

锁定用户,成交转化率偏低。

三、理想互联网汽车金融模式

互联网汽车金融最理想的模式是等汽车电商真正发展起来后,用户线上购车时直接做审批,后续用户在平台上还月供,和用"白条"买手机一样。但以汽车电商的发展现状,这条路还很漫长。

如果不依赖于汽车电商建立互联网汽车金融模式,从用户的角度出发,能否解决以下问题是关键:

(1)我能不能贷款(理论上,任何人都应该能贷到款,风险高可以匹配利率高的产品)?
(2)在我能做的贷款产品之中找一个适合我的并且利率公允的产品(不一定是最便宜的)。
(3)整个过程是否方便?包括线上和线下。

为了解决上述问题,互联网汽车金融模式需要有以下要点。

1. 首先应该是一个平台

汽车金融领域几万亿的市场,线上就算未来几千亿,也没有哪一家公司拥有这样的资金量来满足需求。另外,若平台产品不足够丰富,就无法为用户匹配适合的利率公允的产品。

2. 以授信为目的,而不是收集销售线索为导向

这个模式既然不依赖汽车电商,用户还得在线下买车,就避免不了很多用户只是在初级意向之中,如果以收集销售线索为导向,无疑会产生很多无效的线索浪费跟进的人力物力。当然,这个审批授信过程必须在线上完成,这对大数据评分系统和直连央行征信系统都有较高要求。

3. 审批授信以用户为中心,弱化车型车款的因素

现在一般汽车金融机构做审批的时候,不仅需要人的信息,还需要知道确切的车型车款和车价。如果换一个同等价格的其他车型车款,需要重新走审批流程,用户体验极差。以用户为中心的授信就相当于是汽车领域的信用卡,只要不超过相关额度并在一定期限内,可以随意购车。比如优信,只要通过了他的"付一半"审批,在 50 天的期限内,都可以用于购买任何支持"付一半"的车源。这给平台的汽车金融风控模型提出了挑战。

4. 平台需要输出风控能力,需要给第三方金融产品某种程度的担保兜底功能

现有的很多汽车金融机构审批还是传统的"人+车"的方式,如果要把这类第三方金融产品纳入到平台来,势必要输出平台统一的风控能力,并且给第三方金融产品提供某种程度的担保兜底功能,否则会遇到车秒贷的问题。

5. 做风险定价,针对不同资质的用户匹配利率公允的产品

互联网是为了消除信息不对称,如果利用用户不够专业、信息不对称而匹配给用户贵的产品或者对平台有利的产品,无疑是杀鸡取卵。比如有厂商贴息的产品,即使在线上给用户匹配了无贴息的产品,线下也很容易被飞单。高风险高溢价,普通用户能接受这样的道理。比如美国的 P2P Lending Club 会把借款进行从 A 到 G 的风险评级,A 的风险最小,利率也最低;G 的风险最高,利率也最高。

6. 加强线下的把控能力

用户在线上匹配了合适的利率公允的产品并获得授信后,可以分配给用户一对一的平台金融顾问。一方面建立联系答疑解惑,另一方面在用户决定购车的时候,可以跟进介入整个交易过程,增加用户体验的同时避免飞单。

另外,和线下的 4S 店或者服务提供商(Service Provider,SP)进行合作,把平台做成给合作方用的软件运营(Software as a Service,SaaS)系统,一方面让线下渠道的用户也可以匹配产品做在线审批(类似于美国的 Dealertrack,帮 4S 店对接各种金融产品),另一方面对接线上渠道已经获得授信的用户。

7. 贷后管理放在线上来做

未来每个月的还款,鼓励用户在线上完成,既提高了平台的黏性,也为用户带来了便捷。

畅想一下用户的使用场景,在线上匹配了合适的金融产品、获得了授信,可以随时和平台的金融顾问交流,确定要买车的时候走进 4S 店,店里面有合作方拿着对应的 SaaS 系统进行授信的确认,支付首付款后便可进行提车流程。

虽然比较理想,但现实中还需要解决很多问题,如为用户做风险评级、风险定价,调整优化传统汽车金融风控模型,吸引更多的第三方金融产品入驻以及线下落地方进行深度合作和合理的利益分配等。

四、开拓创新是汽车金融公司发展的必由之路

在业内看来,2020 年,汽车金融公司需要进一步直面市场环境和行业变革,在巩固既有市场与体系优势的基础上,继续加快创新、攻坚破局。

1. 行业平稳发展,后服务市场空间大

尽管 2019 年整体汽车行业局势不尽如人意,但随着各项金融监管政策的落地,市场发展潜力进一步激活,汽车金融仍然吸引了车企加速布局。同时,市场中已有的汽车金融公司也在进行增资,以满足业务扩张以及资本充足性需求,缓解资金压力。

汽车金融作为资本密集型行业,随着业务规模的扩大,流动性管理压力会越来越明显,而机构的可持续发展也需要充足的资金作支撑。

从发展趋势看,汽车销售端发展动力显著不足,汽车金融公司传统的盈利空间被挤压,但汽车后服务市场则呈现出了较强的发展态势。对融资租赁、二手车、汽车维修、配件、保养、装饰等需求的增长,为汽车金融开展相关服务提供了市场空间,这促使汽车金融公司在业务模式上更加注重创新。

2. 提效能增活力,探索业务创新

随着汽车后市场规模的持续扩大,消费者对于汽车金融产品与服务的需求也更加多元化、精细化与个性化。从实践来看,业务模式的创新是推动汽车金融公司提效能、增活力的重要因素,也是满足消费者多样化金融服务需求的必由之路。

就单个机构发展情况而言,上汽通用汽车金融已连续两年在当年新增零售合同量超过 100 万件。上汽通用汽车金融董事、总经理余亚瑞表示,上汽通用汽车金融保持了持续增长的势头,与多年来坚持创新的不懈努力密不可分。据了解,上汽通用汽车金融相继推出"免抵押"

"附加品融资"产品,并新增"慧享车"等金融产品,丰富了客户的选择。数据显示,截至2018年年末,上汽通用汽车金融的零售业务覆盖全国共351座城市的7 399家合作经销商,累计为总金额超过1.72万亿元的1 249万辆车从生产线走向展厅并最终到达消费者家中搭建了桥梁。此外,截至2018年,公司已累计发行11单个人汽车抵押贷款资产支持证券,规模达420亿元;以及6单金融债券,规模达210亿元。多元化的融资渠道既为上汽通用汽车金融的发展提供了强大的资金支持,也为产品和服务的进一步优化打下基础。上汽通用汽车金融首席运营官孟铎思表示,2019年,公司将继续发挥全球汽车信贷资源优势,扎根本土金融市场,以创新推动自身产品力、品牌力的提升,在站稳市场的基础上实现逆势上扬。

2020年,面对新的市场挑战,汽车金融公司应积极拥抱金融科技,把握新零售与新金融所带来的发展机遇。

3. 坚守合规底线,重视风险管理

在行业保持较为平稳发展的同时,诸多积聚的风险暴露、乱象频发,应引起从业者的高度重视。根据公开信息显示,2018年,因库存融资贷款"三查"不尽职、报表错漏、违反《征信业管理条例》、未在营业场所公示《金融许可证》等原因,多家汽车金融公司被监管部门予以处罚。

因此,需重点关注的是,汽车金融公司在加速创新探索新型汽车金融服务模式的过程中,仍须坚守规范发展。在强监管背景下,更应重视自身风险管理,强化合规经营。

在业务层面,如零售业务中,骗车、骗贷、车辆二次抵押;如二手车业务中,二手车难估价、缺乏统一标准;等等,都是汽车金融所需要直面的问题。

如何识别风险、分散风险、承担风险,成为汽车金融风控环节的重中之重,也是关系到汽车金融长久发展的关键。如今,在新一代信息技术加速更迭的浪潮下,借助技术手段,令风控更加精准、高效。

然而,汽车金融公司在尝试将大数据、人工智能等技术应用于管理中,以提高效率、降低成本、防范欺诈、避免人为操作风险的同时,金融与技术叠加所产生的多重风险为机构的风险控制带来了更大的挑战。

第五节 汽车金融创新经营模式实例

1. 目标问题

如何有效解决资金有限用户购买新车需求?

2. 核心创新

毛豆新车。

3. 解决方案

毛豆新车是一种创新的低门槛用车模式。首付3 000元起开新车,没有杂七杂八的费用,每月还月供即可,还款结束之后,车辆从毛豆公司名下转移到个人名下。换言之,毛豆新车也可以理解为先租后买的购车模式。

4. 案例分析

对很多消费者来说,传统的购买新车的渠道,只能去4S店,而各大经销商往往只在一二线城市设立品牌4S店。要想买车,很多三四五线城市的用户只能长途跋涉去上一级的城市看车、购买;另外,4S店对贷款用户的资质要求较高,需要银行流水、社保等各项证明,手续烦琐,这样就把一大群有用车需求但却不符合贷款资质的用户挡在了门外。毛豆新车网的目标客户正是基于这部分群体。

图4-1 汽车与金融

5.创新方法

开拓式创新。开拓式创新是最有价值、也最有难度的一种创新,这种创新所创造的事物是历史上不曾出现过的,是全新的,并且对于历史进程具有深远的影响。它往往伴随着天才人物的灵光乍现,带有一定的偶然性。比如牛顿开创的经典物理学,爱因斯坦开创的相对论,哥伦布发现新大陆,莱特兄弟发明飞机,乔布斯发明的个人电脑、iPhone,制药公司发明新药,等等。

第五章 汽车保险经营模式分析与创新

随着私人购车比例不断增加,汽车保险这一概念逐渐进入百姓视野。在我国,汽车保险是财产保险中份额最重的一项,随着汽车工业的迅猛发展,我国汽车保险业也将迎来一个黄金期。

第一节 汽车保险的概念及发展历程

一、汽车保险的基本概念

汽车保险也称机动车辆保险,是以被保险车辆的损失,或者因被保险车辆发生交通事故而导致被保险人应负的责任为保险标的的保险。汽车保险具有保险的所有特征,其保险对象为汽车及被保险人的责任。从其保障的范围来看,它既属于财产保险,又属于责任保险。在保险实务上,因保险标的及其内容不同而赋予不同的名称。虽然各个国家根据国情和需求的不同而设计了不同的汽车保险条款,但汽车保险总体上都可以分为"汽车损失险"和"汽车责任险"两大类。对于汽车损失保险,不同国家之间的承保范围有所不同;而对于汽车责任保险,保险业发达的国家均在承保内容上力求扩张,以便所有交通事故受害人均能得到合理的赔偿。

在涉及汽车事故保险中,由于所涉及的参与方较多,而且道路交通环境之间动态复杂,事故责任与经济损失各方千差万别,因此必须清晰掌握以下概念。

(1)投保人:是指办理汽车保险并支付保险费的人。

(2)被保险人:是指受保险合同保障的汽车的所有者(即行驶证上载明的车主),如果车主为自己的汽车投保,则投保人与被保险人是一致的;如果其他人为不归自己所有的汽车投保,则投保人与被保险人是不一致的。这两种情况都是保险公司允许的。

(3)第三者:在保险合同中,保险公司是第一方,也叫第一者;被保险人或致害人是第二方,也叫第二者;除保险公司与被保险人之外的、因被保险车辆的意外事故而遭受人身伤害或财产损失的受害人是第三方,也叫第三者。

(4)保险人:指与投保人订立保险合同,并承担赔偿或者给付保险金责任的保险公司。

我国的汽车保险分为机动车交通事故责任强制保险(以下简称"交强险")和机动车商业保险,其中机动车商业保险又包括商业三者险、车损险、盗抢险、车上人员险和不计免赔特约险等各种主险和附加险。

1.机动车交通事故责任强制保险

机动车交通事故责任强制保险是我国首个由国家法律规定实行的强制保险制度。《机动车交通事故责任强制保险条例》(以下简称《条例》)规定:交强险是由保险公司对被保险机动车发生道路交通事故造成受害人(不包括本车人员和被保险人)的人身伤亡、财产损失,在责任限额内予以赔偿的强制性责任保险。

交强险是责任保险的一种。根据《条例》规定,在中华人民共和国境内道路上行驶的机动车的所有人或者管理人都应当投保交强险。同时规定,机动车所有人、管理人未按照规定投保交强险的,将由公安机关交通管理部门扣留机动车,通知机动车所有人、管理人依照规定投保,并处应缴纳保险费2倍的罚款。

2. 机动车商业保险

我国汽车商业保险已经进入市场化运作阶段,各家保险公司推出的机动车商业保险的种类虽然各有差异,但归纳起来可以分为两大类别:主险(基本险)和附加险。主险是指可以独立承保的险种,如车损险、第三者责任险等。附加险不能单独承保,只能附加在主险之上,如不计免赔特约险、自燃损失险、车上责任险及玻璃单独破碎险等。

(1)车损险,是指被保险人或其允许的驾驶员在驾驶保险车辆时发生保险事故而造成保险车辆受损,保险公司在合理范围内予以赔偿的一种汽车商业保险。

(2)机动车辆第三者责任险(以下简称"三者险"),是指被保险人或其允许的驾驶人员在使用保险车辆过程中发生意外事故,致使第三者遭受人身伤亡或财产直接损毁,依法应当由被保险人承担的经济责任,由保险公司负责赔偿。

车损险和三者险是车辆保险的基本险,车损险主要赔偿被保险车辆的损失,即自己车辆的损失。三者险是赔偿被保险车辆在使用中给第三者带来的损失,即保障第三方的保险。

交强险和商业三者险均属于第三者责任险,但它们却有较大区别。一是赔偿原则不同。根据《道路交通安全法》的规定,对机动车发生交通事故造成人身伤亡、财产损失的,由保险公司在交强险责任限额范围内予以赔偿;而在商业三者险中,保险公司是根据投保人或被保险人在交通事故中应负的责任来确定赔偿责任的。二是保障范围不同。除了《条例》规定的个别事项外,交强险的赔偿范围几乎涵盖了所有道路交通责任风险;而商业三者险中,保险公司不同程度地规定有免赔额、免赔率或责任免除事项。三是交强险具有强制性。根据《条例》规定,机动车的所有人或管理人都应当投保交强险,同时,保险公司不能拒绝承保,不得拖延承保和不得随意解除合同。四是根据《条例》规定,交强险实行全国统一的保险条款和基础费率,原中国保险业监督管理委员会按照交强险业务总体上"不盈利不亏损"的原则审批费率。五是交强险实行分项责任限额。

二、汽车保险的发展历程

机动车辆保险的真正发展,是在第二次世界大战后。一方面,汽车的普及使道路事故危险构成一种普遍性的社会危险;另一方面,许多国家将包括汽车在内的各种机动车辆第三者责任列入强制保险的范围。因此,机动车辆保险业务在全球均是具有普遍意义的保险业务。随着欧、美、日等地区和国家汽车制造业的迅速扩张,机动车辆保险也得到了广泛的发展,并成为各国财产保险中最重要的业务险种。到20世纪70年代末期,汽车保险已占整个财产险的50%以上。

在中国,汽车保险业务的发展大致经历了如下三个时期。

1. 萌芽时期

中国的汽车保险业务的发展经历了一个曲折的历程。汽车保险进入中国是在鸦片战争以后,但由于中国保险市场处于外国保险公司的垄断与控制之下,加之旧中国的工业不发达,所以中国的汽车保险实质上处于萌芽状态,其作用与地位十分有限。

2. 试办时期

中华人民共和国成立以后的1950年,创建不久的中国人民保险公司就开办了汽车保险。但是因宣传不够和认识的偏颇,不久就出现对此项保险的争议,有人认为汽车保险以及第三者责任保险对于肇事者予以经济补偿,会导致交通事故的增加,对社会产生负面影响。于是,中国人民保险公司于1955年停止了汽车保险业务。直到70年代中期为了满足各国驻华使领馆等外国人拥有的汽车保险的需要,才开始办理以涉外业务为主的汽车保险业务。

3. 发展时期

在中国机动车保险业恢复之初的1980年,中国人民保险公司逐步全面恢复中断了近25年之久的汽车保险业务,以适应国内企业和单位对于汽车保险的需要,适应公路交通运输业迅速发展、事故日益频繁的客观需要。但当时汽车保险仅占财产保险市场份额的2%。

随着改革开放形势的发展,社会经济和人民生活也发生了很大的变化,机动车辆迅速普及和发展,机动车辆保险业务也随之得到了迅速发展。1983年将汽车保险改为机动车辆保险使其具有更广泛的适应性,在此后的近20年过程中,机动车辆保险在中国保险市场,尤其在财产保险市场中始终发挥着重要的作用。1988年,汽车保险的保费收入超过了20亿元,占财产保险份额的37.6%,第一次超过了企业财产险(35.99%)。从此以后,汽车保险一直是财产保险的第一大险种,并保持高增长率,中国的汽车保险业务进入了高速发展的时期。

与此同时,机动车辆保险条款、费率以及管理也日趋完善,尤其是原中国保险业监督管理委员会的成立,进一步完善了机动车辆保险的条款,加大了对于费率、保险单证以及保险人经营活动的监管力度,加速建设并完善了机动车辆保险中介市场,对全面规范市场、促进机动车辆保险业务的发展起到了积极的作用。

第二节 我国汽车保险市场现状分析

从中国来看,随着汽车保有量的逐年增加,汽车保险已经成为中国非寿险市场的主要组成部分,更是财产保险中的第一大险种。当前,在国内保险公司中,汽车保险业务保费收入已占到其财产保险业务总保费收入的50%以上,部分公司的汽车保险业务保费收入占其财产保险业务总保费收入的60%以上。汽车保险业务经营的盈亏,直接影响到财产保险行业的经济效益。

根据中国保险行业协会的统计数据显示,截至目前,我国共有保险公司160家,保险中介机构36家,其中大部分已经开展了汽车保险业务,市场竞争将愈加激烈。中国比较有名的汽车保险公司有中国平安保险公司、太平洋保险公司、人保财险等。

随着保险市场的逐步开放,特别是我国加入WTO以后,国内汽车保险市场逐步与国际接轨,这为我国汽车保险业提供了良好的客观发展条件。只有清楚认识到我国车险市场的主要特点及存在的问题,并迅速提出解决方案,才能促进我国汽车保险市场长期健康的发展。

一、我国汽车保险市场的主要特点

1. 汽车保险业务发展迅速,地位显著

近几年,我国车险保费收入稳步增长,增长比例一直维持在12%以上,且有逐年加快增长的趋势。这表明我国车险市场不仅潜力巨大,而且在未来还有很大的增长空间。

2. 险种多元化

经过近几年的不懈努力,我国车险市场不断进行产品创新和经营创新,在基本险的基础上设计开发了一系列附加险种,较好地满足了不同地区、不同环境、不同类型被保险人的分散风险的需要。

3. 理赔范围不断扩大

现代社会的一个重要特点是,经济生活的复杂程度和相关程度都大为提高,由此要求保险人不断扩大保障范围。原来不赔的台风、热带风暴、暴雪、沙尘暴、冰雹等自然灾害损失,如今都包含到了车损险里,且很多险种也均删除了责任免除约定。同时,针对不同保险人和不同汽车特点的各类附加险,种类更为齐全,保障更加充分。

4. 市场营销电子化

电话销售和网上销售等销售方式在整个保险行业中首先被应用到机动车保险产品的销售上,并取得了良好的经济效益和社会效益。国内大多数保险公司,如中国人保、平安、太平洋等公司均已建立了自己的网站,并利用网站介绍公司背景,推介车险产品,提供客户服务等。

二、我国汽车保险市场存在的问题

1. 车险业务盈利状况堪忧

国内多家保险公司声称,自2003年费率市场化以来,车险业务赢利困难,甚至出现亏损状态。这种说法也得到了一些保险行业协会的证实。

2. 汽车保险欺诈案件仍然存在

近年来,各类保险诈骗案件,特别是机动车辆保险诈骗案件呈数量增多、案值增大、手法多样化等发展趋势,严重影响了保险公司的正常经营和金融稳定。这说明我国的保险市场本身还不完善,人们的法制观念、诚信意识都需要进一步强化。

3. 全民保险意识不强

据统计,我国无论是保险深度还是保险密度均排在世界第50~60位。截至目前,除了车险以外,其他财产险的承保占比都在逐年下降,就是汽车保险也是保险增幅赶不上国民经济增长的比例。

4. 保险代理人素质较低

2006年7月1日起实施的《保险营销员管理规定》中规定:"参加中国保监会组织的保险代理从业人员资格考试的人员,应当具有初中以上文化程度。"在中国,包括平安在内的保险公司普遍采取低成本的扩张策略,用规模空前的"营销大军"来夺取市场份额。

5. 理赔效率较低,周期较长

我国保险业诚信环境不甚理想是造成我国保险理赔纠纷的最重要原因之一。一般来讲,保险理赔工作会依照以下的基本程序来进行:接受出险通知—现场勘查—责任审核—损失核算—损余物资处理—赔款给付—代位追偿。保险理赔工作必须坚持"主动、迅速、准确、合理"的八字方针。我国保险理赔效率低下的具体表现如下:

(1)现场勘查难。保险公司有关理赔的规章制度要求第一现场的勘查率力争达到100%,然而在实际工作中却达不到70%。

(2)调查取证难。在理赔程序中需国家权威部门或关联单位出具的相关资料证明,作为理赔处理的重要或唯一凭证。但取得证明文件的手续太过烦琐,更甚者,一些部门为了一己私利,不负责任地出具虚假证明。

(3)理赔控制难。一是保险理赔的专业技术咨询鉴定系统缺失,常常引发理赔争议。二是业内信息披露系统缺失,业内外的黑名单制度尚未推行,不法之徒逍遥法外,使保险公司防不胜防。三是保险从业人员的职业道德缺失,里外勾结,共同谋利的现象接二连三发生,

利用了保险公司自身管理制度的不足与缺陷,使保险公司防不胜防。

6. 法制环境不健全

当前,保险业所运用的法律、法规或条例,很多条款已经难以适应新形势的需要,即使有些部门已经意识到问题的严重性,且正采取措施进行改进,但立法建设滞后的状况并没有得到最根本的改变。

7. 人才环境不适应

保险理赔是具有很强专业性的工作,要求保险理赔人员,特别是估损、定损、审核方面的工作人员,应具有相应的专业知识、丰富的理赔经验和较强的辨伪能力。而现有的理赔人员大多数并不具有这种专业知识、经验及能力,导致在理赔过程中心有余而力不足,使得理赔效率低下。当有复杂的赔案出现时,往往难以做出正确的判断。

三、我国汽车保险市场的发展对策

1. 依据汽车市场需要不断开发与之对应的新险种

保险公司要加大产品开发力度,适时提供市场需要的新型车险产品,释放车险市场潜能,推动市场扩容,增加业务收入。同时,要加强精算和保险核算力量,通过厘定合理的车险费率,加强费用管理降低车险成本。在市场竞争中要通过自律进行理性竞争,避免非理性和恶性竞争。

2. 不断完善车险法律法规

(1)完善法律法规体系,从法制的角度对保险欺诈行为进行准确界定,有利于依法监管。
(2)应当设立专门的调查机构或岗位,统一开展疑难案件的调查处理和监控管理工作。
(3)保险行业可以加强行业信息收集和经验的交流,最大限度地降低欺诈事件的发生。

3. 加大车险业务宣传力度,提升服务水平

针对全民保险意识不强,汽车保险公司应努力做到:①加大车险业务的宣传力度;②针对

不同地区、不同环境、不同类型的消费者设计不同的保险险种,以满足广大消费者的需求;③提高服务水平,培养一批忠实的客户。

4. 提升行业从业人员准入门槛

针对车险代理人员素质偏低的现实问题,汽车保险行业应:①加快培训专业车险人才,提高车险从业人员素质;②改变低成本的扩张策略,提高代理人佣金,提高行业从业人员准入门槛;③改变以人海战术为主的个人保险营销制度,鼓励推广团队式营销;④政府应加强保险代理人的社会保障。

5. 积极鼓励汽车保险业务创新,有效解决低效问题

不断开发和创新保险商品是保险公司保持活力、提高市场竞争力的必要保证,业务创新是保险公司的生命线。目前,由于我国对保险业施行较为严格的监管制度,保险公司新开发的保险品种必须经监管部门审批后才能投入市场运作,所以保险公司创新空间较为狭窄。对业务创新监管过严、限制太多,不仅降低了保险业务创新的效率,影响保险公司业务创新的积极性,同时也从一定程度上限制了保险市场。

6. 加强保险监管和行业自律,规范竞争行为

我国民族保险业发展迅速并已初具规模,但仍处于发展的初级阶段,仍不同程度地存在擅自设立营业机构、任命高级管理人员、无序竞争、不规范竞争、误导消费者的问题。这些问题不仅会形成保险经营风险,同时也损害了保险行业的社会信誉,损害了消费者的合法权益,政府监管部门应加强监管,对违法违规行为严惩不贷,营造公平有序的市场竞争环境。

7. 重视培训专业车险人才,真正做到"一专多能"

加快培训专业车险人才,提高车险从业人员素质。保险人员不仅要有熟练的专业技术,还要有较强的应变能力;不仅要有丰富的实践经验,还要有一定的理论知识;不仅能熟练掌握国内车险的条款、费率、实务,还要能足够了解国际通行的现代车险管理办法,做到一专多能,更加适应中国车险市场的发展需要。

第三节 我国汽车保险经营模式分析

随着我国互联网模式在各行各业的渗透,"互联网+汽车保险"也成为了行业主要发展路径,这两者的结合对汽车行业的发展具有重要作用。早在2013年就有专业人士提出了互联网保险的概念,随着汽车需求量的快速增加,互联网保险历经5年时间从开始的理论概念发展到当下火热的商业实践。作为互联网保险的重要组成部分,互联网车险行业同样如雨后春笋般崛起。最开始,在互联网车险领域涌现出了惠折网、保网等线上代理公司,随后又涌现出了车车车险[①]、最惠保、车险无忧等创业公司,之后阿里、腾讯、平安合资成立的众安保险在2015年也与平安保险联合成立了保骉车险线上服务,并在18个省市地区获得车险经营资质,同时安心保险、泰康在线也纷纷开始经营车险业务,试图借助互联网渠道为广大车主提供更便捷的服务。相比较传统车险销售模式陈旧、服务体系老化、理赔环节复杂等问题,"互联网+汽车保

---

① 车车车险是北京与车科技公司开发的互联网保险交易平台,集合人保、平安、太平洋、阳光、国寿等多家保险公司的车险产品,用户可在线选购,一键投保。

险"具有如下优势。

(1)销售渠道不再单一化。对于互联网车险平台来说,他们最大的一个优势就是线上渠道的优势,这为各大险企解决了一个最核心的问题——销售渠道。传统的保险企业其利润的多半已经被单一的线下销售渠道层层克扣,互联网车险则完全可以通过线上平台直接对接消费者,大幅降低了车险企业的渠道成本,提高了利润空间,解决了各大险企多年来头痛的单一渠道问题。

(2)理赔行业效率大幅提高。传统的车险理赔服务环节比较落后,如果一个车主出险以后,需要报案、查勘定损、签收审核索赔单证、理算复核、审批、赔付结案,这种理赔效率极为低下。车险互联网化带来的一个最大变化就是理赔方式更加垂直化,用户出险之后,直接由承保公司帮助车主服务维修好,然后送还给车主,因此大幅提升了理赔服务的行业效率。

(3)行业服务标准化。在传统的车险销售中,很多车主往往都会碰到服务体系不标准、服务水平质量较差以及强制推销的情况,而很多车主对于理赔条款却并不是非常清楚,在需要理赔的时候甚至还会碰到保险公司百般推脱的情况,互联网车险的出现,能够实现更统一标准化的服务。

目前市场上互联网车险运营模式主要有以下 4 种:

(1)拼点型。这种产品的运营模式,通过巨大的流量和用户基数,从保险公司拿高点位,直接拼点位甚至进行补贴来获取用户,如百度和网易。其实这也是传统保险代理商的运作模式,不同之处在于,互联网公司通过 APP 产品直接面向 C 端,让用户自助完成投保。而传统保险代理商通过 B 端间接帮助 C 端用户完成投保。

这种模式,并无太大的优势,凭借的完全是自有用户量或者渠道能力,目前大部分的互联网车险创业公司,都是靠这种方式在运作,它的业务量不仅仅取决于自己的运营能力和流量大小,而且还要看保险点位的高低。另外,这种运营模式吸引的主要用户群体还是以价格敏感型用户为主。

另外,由于车险的返点控制在保险公司手中,互联网保险公司拿到的点位相比于传统线下4S 店、保险代理,并无明显优势,所以这就意味着互联网保险公司根本没有什么竞争优势。

产品设计的要点:拼点型产品设计的要点在于车险购买流程是否顺畅。

(2)攒量型。这种模式的运作路径是通过给出单员高额返点让利,并且借助于移动互联网进行二级传播的便利,短期内吸引大量的出单员(保险经纪人、配件商、维修厂)把保单拉到自己的平台上,从而迅速起量。这种模式典型如小飞侠和 U 粉通(链保)。

其优势在于快速起量,弊端在于出单员会随着商家给出的返利点而飘忽不定。而且这里也存在拼点型产品存在的问题,互联网创业公司的返点往往还比不了大代理商的返点,因此,如果不进行补贴,很难吸引出单员来到你的平台。

产品设计要点:攒量型产品的设计要点在于分利传播机制的设计。

(3)创新型。创新型车险目前主要指的是 UBI 模式,即基于用户行为的保险。UBI 车险是欧美发达国家正在探索的一种新的保险模式,主要在意大利、英国、美国和加拿大运行,算是保险领域的微创新。

国内互联网车险也有套用 UBI 模式的,如车宝、元征、高德智驾、车挣、里程保、risk 等公司。有的以绑定硬件的模式运作,有的在做数据模型。前者主要是通过给车主送一个 OBD 盒子,收集车主的驾驶行为习惯或驾驶里程,来评估保费。

国内现有的 UBI 一般以两种路径来实际操作:以驾驶习惯收保费和以路程长短收保费。虽然很多创业公司口号叫得很响,但都是雷声大雨点小,面临的难度很大,缺乏保险公司的积极参与,且都是小玩家,没有影响力,实际实施困难重重。这种方式要想运转顺利,要解决几个问题:①保险公司的积极参与和支持,这个需要很强的议价谈判能力才行;②技术手段的完善,如何收集到完善的车主驾驶行为习惯数据,并且能够真正把控风险;③如何解决车主信任的问题,如何给车主真正带来价值。

就目前来看,UBI 在意大利主要是为了应对车险欺诈问题;在英国是应对年轻的驾驶员或者不良驾驶记录者处在保费过高的现状。UBI 模式在发达国家都没有取得大规模的发展,在中国还需要有很长的路要走。

产品设计要点:UBI 产品设计的要点在于算法与数据模型的建立。

(4)绑定服务型:O2O 模式。正如传统的汽车 4S 店和维修厂的做法,将保险和服务绑定在一起也是目前少数互联网创业公司采取的一种产品策略。即在购买保险的同时,提供维修理赔服务,将保险和理赔服务捆绑在一起销售。得益于这种策略,很多汽车 4S 店和维修厂在常规主营业务经营范围之外,还能通过保险取得不错的额外收益。

这种产品模式的优点是容易建立与车主的长久合作关系,容易建立用户的信任,从而在投保时对价格也不甚敏感。这样就能保留更多的保险返点。但是,对于互联网创业公司而言,这种模式的缺点也很明显:比起现有的外卖配送和网络约车,运营负担更重。因为在这个价值链上,很多的服务,尤其是维修厂服务,存在着明显服务能力和政府管制的限制。如果纵向整合整个价值链完全自营,又需要巨大的资本投入和时间投入来建立相关服务能力。

以上四种形式各有利弊,它们的现实可能性也不尽相同。从长久发展来说,攒量型产品和拼点型产品生态体系和运作模式非常脆弱,具有很大的系统性风险,由于无法解决服务的问题,无法形成长久的黏性,所以,这两种方式并不是较好的产品方向;而创新型产品,比如 UBI 目前并不成熟,也不是合适的产品方向。最佳的产品方向,是将维修保养服务与保险进行跨业务整合,而这种模式又需要强大的资源整合能力。

第四节 汽车保险创新经营模式实例

一、转变视角,追求极致服务的用户至上主义

1. 目标问题

如何深度挖掘潜在客户,不断扩大用户数量?

2. 核心创新

平安好车主 APP。

3. 解决方案

依托平安车险,平安好车主 APP 利用互联网+大数据优势赋能,不断将线下更丰富的与用车生活相关的产品和服务资源聚合至线上,提供更加完善周到的一站式用车服务。

平安好车主围绕用户痛点,聚焦多种用车服务场景,用户足不出户即可在线实现年检代办、申请办理 ETC 等多项日常需求;同时涵盖查违章、道路救援、车损测算、停车缴费、申请办

理ETC等多达70余种服务。

另外,不断升级线上理赔新模式,通过自助理赔、一键包办等服务提升理赔反应速度和服务效率,同时实现理赔节点、进度、维修过程、金额明细的透明化,用极致的线上理赔服务颠覆车主体验。2010年,在行业普遍需要7天左右完成理赔流程的市场情况下,平安车险就推出资料齐全、万元以下案件,一天内赔付;2017—2018年首度推出智能理赔系列,车险理赔510智能查勘,实现了5~10分钟智能查勘;"车险智能闪赔"实现智能图片高精度识别,秒级定损、定价,提升效率与服务体验;2019年平安车险于业内推出信任赔,开启车主自主理赔模式。借助"大数据""人工智能"应用,简单4步快速理赔,全部流程只需3分钟左右。

2019年末,我国爆发新冠肺炎疫情,平安好车主第一时间就全面升级了线上保单服务和理赔服务。在保单服务方面,平安好车主APP实现一键续保功能,支持全流程投保,包括报价、投保、电子签名、支付成交及电子保单查看;在理赔服务方面,平安产险优化、聚合线上服务,推出"一键理赔"功能,查勘、定损、赔付等车险理赔全流程大幅简化。如果车主出险,只需打开平安好车主APP,通过智能服务、专家引导,就可快速撤离现场,返回家中便捷办理。此外,平安好车主还联合搜狗在平安好车主APP上线"复工防疫大作战"专区,聚合了疫情实时动态、疫情小区、在线问诊、同程查询等实用功能,疫情期间平安好车主保险绿色服务通道及防疫系列活动访问人次累计超过906万。在疫情得到基本控制之际,各行各业复工复产如火如荼,很多车主由于长时间没有用车,出现了汽车亏电问题,也催生了汽车消毒等新需求。针对复工期间车主各类用车需求,平安好车主APP火速上线了紧急接电、汽车消毒、无感加油、年检代办等八大线上用车服务,确保用户全程"零接触"。每一项线上服务都精准地戳中了特殊时期用车的痛点和难点,背后反映出平安好车主对用户需求的深刻洞察。

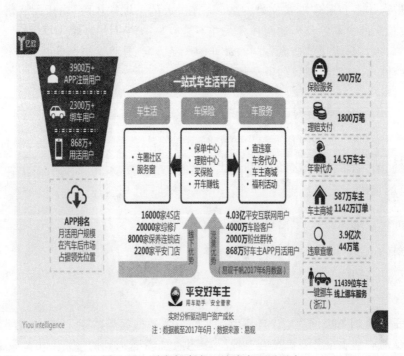

图5-1 平安好车主一站式车生活平台

4.案例分析

在当下保险产品趋同的市场环境下,服务成为消费者选择的关键。在追求极致服务体验方面,一定程度上,平安车险一直是行业的探索者。传统的模式中,保险机构会先卖一个产品给消费者,然后才开始为其提供服务;而平安的做法则是遵照互联网思维,在达成销售之前便开始进行流量的经营——在购买车险之前就开始提供服务,通过给潜在消费者提供解决方案、服务,平安可以更好地了解消费者以研发提供定制化产品,也让消费者了解平安的产品和生态化的服务能力,进而影响潜在消费者完成产品购买。也就是说,用户并非一定要成为平安的客户才能使用平安好车主APP,只要是一个车主,就能在好车主APP得到一个非常完整的解决方案,包括查询违章及附近违章高发地的情况,查询周围洗车、修车、保养等车服务网点,了解新鲜实用的汽车资讯、与全国车友和理赔专家在线互动等。

看似只是针对销售、服务两个环节的先后顺序变化,实际代表的却是商业逻辑的颠覆式改变。这一新理念恰恰体现了从过去时代的"企业视角"向"消费视角"的转变,某种程度上也有从"卖方市场"向"买方市场"转变的特点。

5.创新方法

逆向思维式创新。所谓逆向思维,就是将原有结论或思维方式予以否定,而运用新的思维方式进行探究,从而获得新的认识的思维方式。

二、大数据风险筛选和精准定价

1.目标问题

如何为顾客量身打造汽车保险业务,精准定价?

2.核心创新

平安好车主APP。

3.解决方案

利用UBI技术及数据优势,平安好车主"平安行"功能致力于积极引导4 300万车主用户养成安全驾驶习惯。其安全管家核心功能模块"平安行"拥有去噪算法、驾驶员DNA分析和异常驾驶判断等7项核心技术,可根据车主意愿记录驾驶行为(如急加速、急减速、急转弯和开车接打电话等),对不良驾驶行为做出风险评价及提示,提供驾驶行为改进方案,引导车主成为更加注重安全的司机;而所有的数据,又会在未来加权汇总,成为一个车主风险概率的判断依据,指导定价。

4.案例分析

大数据相关的产生、存储、传输、处理技术,在近年日趋成熟,"数据驱动商业"的相关技术在保险领域的两个最典型应用,就在于更低成本、更好效果的风险筛选,和进一步自然到来的精准定价。

首先,基于大量积累的用户的多维度数据(大数据),企业能够对每一个消费者产生更为具体的理解,包括其年龄性别等基础人口统计学特征信息、兴趣内容类型、驾驶习惯、历史出险记录和汽车商品偏好等,通过数据撞库(与其他数据库进行匹配查询)甚至还能得知其大致的收入水平、消费习惯和媒体接触习惯等。这使得保险公司对于风险的预判,从过去的有限指标的抽样推算总体概率的时代进入到了更多维度指标的全样本时代,大大提高了风险的预估准确度。

其次,不同人群(甚至是个体)的风险预估准确度被提高之后,精准的人群细分使得不同风险概率人群的保费价格能够被区别对待,也就是我们所说的精准定价。精准定价能够积极引导被保人规范自己的日常行车习惯、提高安全意识,以获得更优惠的保费。从这个角度讲,精准定价还有正向的社会意义。

所有 APP 和解决方案,目标都是要能够搜集到更为丰富的信息,即 360 度的个人信息,不仅仅是在线购买行为,用户的财务、健康、喜好、收入、资产、人口统计、在线行为、消费习惯,都是平安了解用户的途径,这样企业才能够更好地服务于自己的客户。

未来要实现针对不同用户设计不同的解决方案,是针对每一个不同个体打造的,这个对于计算速度要求非常高,在这方面,就有赖于云计算、自动化平台的应用,很显然,中国平安这样的领先公司,具备这方面的实力。

图 5-2 UBI 技术应用于汽车保险领域

5. 创新方法

移植式创新。所谓移植式创新,就是把在 A 领域所使用的技术或模式,移植到看似没有关联的 B 领域,从而创造出新的产品或模式。例如,吉列在剃须刀领域发明了"刀架+刀片"的模式,把重复购买率低的刀架以极低的利润出售,提高市场占有率,然后再通过出售重复购买率很高的刀片来赚钱。亚马逊的 Kindle 在策略上和吉列简直如出一辙,它以极低的利润率出售 Kindle,基本上没有在硬件上赚到多少钱,但是 Kindle 的普及带动了电子书的销售,总体来看亚马逊还是赚到的。在电子书项目上,亚马逊没有学习纸质书的商业模式,反而学习了剃须刀的商业模式,这就是移植式创新。移植式创新依赖的是对于商业模式本质的理解。

第六章 汽车租赁经营模式分析与创新

第一节 汽车租赁的概念及意义

汽车租赁业被称为"朝阳产业",因其无须办理保险、无须年检维修及车型可随意更换等优点,越来越受到广大消费者的追捧。另外,以租车代替买车来控制企业成本,这种在外企中十分流行的管理方式,也慢慢受到国内企事业单位和个人用户的青睐。

汽车租赁是指将汽车的资产使用权从拥有权中分开,出租人具有资产所有权,承租人拥有资产使用权,出租人与承租人签订租赁合同,以交换使用权利的一种交易形式。

一、选择租赁汽车的四种人群

如今个人出差、家庭周边城市游,还有单位组织活动等,悄悄兴起了一股租车热。通过手机 APP 下载相关的软件,选择出行时间和能够承受的价位,就有多种车型可供选择。在租车类的软件中有主打国内市场的神州租车、一嗨租车及和谐租车等,国际租车则有赫兹租车。

目前,从租车的人群来看,个人租车、家庭租车、单位租车和商旅租车四种人群基本上覆盖了租车的全部范围。个人租车由于环境和条件的限制,目前在整个租车市场中所占的比例较小,不过近年来有稳步上升的趋势。家庭租车对有走亲访友需求的人群来说,目的则是非常明显。而单位租车和商旅租车则占到了汽车租赁市场的一大半。随着我国公车标准的出台及有关部门对公车私用监管力度的提高,选择租赁汽车能够较好地解决公车私用、管理难度大、维护成本高等问题。

二、租车的优势

将买车、养车的包袱全部丢给汽车租赁公司,而把主要财力和精力放在自己的主业上,这是当今许多公司、企事业单位比较流行的做法。据统计,一年下来,像桑塔纳 2000 这样的普通车,购车要比租车多花费一万元修理费,换句话说,以租车代替买车,成本就可以下降 3 成。另外,租车可以随时调整开支,风险小,灵活性强,因此还可以为企业节省一笔管理成本。

总体来说,租车无论是对单位还是对个人都有以下六方面的优势。

1. 车型可随时更新

随着人们消费水平的提高,对高档消费品有不断更新的欲望。在欧美人们平均 8 个月更换一次车型。假如现在花费 30 多万元购买一台轿车,因社会经济发展很快,一年后汽车的性能、外观改进很多,而价格却会大幅下降。一年后,如果想换新车型,老车可能 15 万元都很难卖出。这意味着,一年中车价损失接近20万元;但假如租赁一台30多万元的车,只需10余万元。而且,可随时租用最新车型。从目前人们经常更换手机的状况就能预料到几年后,经常换新车,将是人们的新时尚,也是新新人类的最佳选择。

2. 解除车辆维修、年度检验的烦恼

自购车辆后,对车辆的维修和保养及一年一度的车辆年检要耗费很多财力和精力。但如果租车,就不存在这些烦恼,无论是车辆维修还是其他原因使车辆不能正常使用,租赁公司都会及时提供替代车和紧急救援以保证客户用车。

3. 可充分提高资金利用率

如果自购车辆要一次性支付30万元,消费者需要具有一定经济实力。也就是说租车和买车相比至少可节省一次性投资20万元。消费者用这20万元去经营,可赚取一笔可观的利润,无须其他手续,给您更大的利润。

4. 可保证客户良好的财务状况

自购车辆必然会造成固定资产增加、借款增加、流动资产减少,使财务出现不良状况;而租赁车辆可有效规避上述风险,使企业的资产最大化。

5. 有利于提高成本观念,减少浪费

自购车辆使用时随心所欲,特别是单位公车,私自用车现象较多,造成不必要的浪费;而如果租赁车,一是可根据业务需要随时调控用车数量,二是用车人知道自己的用车成本,可直接减少不必要的用车,有效地提高了员工的成本观念。

6. 万一发生交通事故,租赁公司能全力协助

驾驶自购车辆,一旦发生事故,就要与保险公司交涉,如果车主不熟悉报案理赔程序,往往会浪费许多时间和金钱。作为车辆管理的专业租赁公司,平时就与保险公司有良好的合作关系,在处理理赔过程中,必然有明显的优势,可以减少客户的麻烦,为客户节约大量时间和精力。

第二节 汽车租赁市场现状分析

一、国外汽车租赁市场现状分析

美国是租车租赁行业的发源地,也是目前全球汽车租赁市场最发达的国家。在美国,超过30%的新车是卖给租赁行业的。Enterprise Holdings、赫兹、安飞士等全球汽车租赁巨头均诞生于美国。汽车租赁行业的发展,在美国整个汽车产业链中,也起着重要作用。每年美国三分之一的新车依靠租赁行业消化,而租赁行业的更新换代也源源不断地向二手车市场输送优秀车源。美国汽车租赁公司提供的业务范围除了自驾租赁外,带司机的租赁服务也比较发达。另外,租赁公司还提供路边救援、保险事故处理及酒后代驾、在部分4S店设有租赁点为客户提供各种车辆替换服务等临时服务。

由于美国本身汽车普及率非常高,平均每个家庭拥有两辆汽车,所以租车更多地出现在异地商务旅行的过程中。美国公路客运、铁路客运不够发达,汽车租赁便成为重要的旅客疏散补

充渠道而存在，因此美国凡是有机场的地方，就能找到几大租赁公司的服务网点。

汽车租赁，其核心是以租车代替买车，租车人可以是个人，也可以是企业。这种目前国内还只是被少数人接受的出行解决方式，在美国已成为一种与汽车分期付款一样的主流汽车消费模式。分期付款的话，客户支付一定首付，按月支付月供，几年后付清尾款拿到车辆所有权；租赁的话，客户也是支付一定的首付，签订长期租赁合约，月供比分期付款要低，并且省去使用期间的维修保养等费用，合约期满后车辆归还给租赁公司，自己可以再选择其他喜爱的车型。近年来，不少美国人在购买豪华车时，就喜欢采用这种形式。

对美国来说，汽车租赁行业的意义远不只为人们的出行提供方便。汽车租赁行业由于车辆使用频率高，所以车辆更新换代的周期比私家车要短得多。为了提供更好的服务而需要车辆处于常新状态，以及保证租赁车辆残值最大化，租赁公司往往在短期内就会更新车队。以赫兹为例，该公司规定租赁车辆使用满两年后就必须淘汰进入二手车市场，更有租赁公司在8~12个月内就会更新一次。

巨大的更新需求，推动了美国汽车产业的健康流通。一方面，租赁可以带动美国的新车销售，据相关数据显示，每年美国以租赁形式出售的新车占据整个新车销售量的三分之一；另一方面，租赁也为二手车市场提供了源源不断的车源。可以说，汽车租赁行业在美国汽车流通中，占据着非常重要的地位，因此汽车制造商们不仅将汽车租赁企业视为大客户，想方设法通过折扣、分期付款等方式将大量新车推销给汽车租赁公司，不少汽车制造商本身也调整投资结构，涉足汽车租赁业。

二、国内汽车租赁市场现状分析

我国汽车融资租赁行业整体起步较晚，汽车融资租赁市场整体规模依然较小，仍处于发展的初级阶段。据前瞻产业研究院发布的《中国汽车租赁行业市场前瞻与投资战略规划分析报告》统计数据显示，2012—2018年，汽车融资租赁行业市场复合增长超20%。2012年中国汽车租赁行业市场规模仅仅达248亿元，并呈现逐年增长态势。到了2016年中国汽车租赁行业市场规模突破500亿元。截至2017年中国汽车租赁行业市场规模增长至679亿元，同比增长32.6%。进入2018年底中国汽车租赁行业市场规模超过800亿元，达到了802亿元，同比增长18.1%。未来中国汽车租赁行业市场规模将接近1 500亿元。

虽然我国汽车租赁市场发展迅速，潜力巨大，但仍存在诸多不利因素。

1. 尚未形成规模效应

我国汽车租赁行业目前总体仍呈现小、散、弱的状况。从事汽车租赁业务的企业数量很多，但规模不大，汽车租还网点分布不完善，未能形成遍布全国甚至世界的租赁网络，异地租车、还车业务未能得到有效开展，异地汽车修理也存在问题，汽车租赁的便利性不能充分发挥，消费者的消费体验因此受到极大影响。例如，在经营网点的布局上，我国大部分城市的汽车租赁公司仍无法实现高铁与汽车、飞机与汽车的无缝对接。此外，信用体系不健全造成汽车租赁公司往往要求承租人提供担保或押金以减轻风险，导致租车手续繁杂，给消费者带来了极大的不便。

2. 监管体系尚未完善

由于我国信用信息系统不健全，犯罪分子利用租赁车辆进行违法活动，但部分执法部门认为抵押、质押租赁车辆是经济纠纷,对汽车租赁企业的报案不予立案,所以这种对违法行为的无罪或轻罪处理,反而纵容了诈骗车辆事件的发生,形成了汽车租赁行业高风险的尴尬局面。

3. 分时租赁体验不佳

分时租赁的取还车模式有4种:同一网点取还车、任意网点取还车、指定网点取车自由还车和自由取还车。用户体验最好的是"自由取还车",用户可以在任意点取车任意点还车,但是这对于运营方的车辆管理要求太高,需要投入大量的成本进行车辆调度,同时容易出现用户乱停车的现象。该模式适用于实现L4/L5自动驾驶的汽车,汽车将乘客送到下车点后自行寻找合适的停车位置,在用户需要时到达指定上车点,解决用户的最后一千米难题。适用于目前L2技术水平的模式是任意网点取还车,用户从任意网点取车,使用结束后在任意网点充电还车。

4. 骗租案件时有发生

汽车租赁在国内是新兴行业,在管理制度和防范措施等方面存在着诸多的安全漏洞,加上从业者比较缺乏识别客户身份证和驾驶证真伪的能力,骗车便成了一些不法分子的"生财之道"。比如租车抵押、变卖、转让等,此类案件在汽车租赁行业中屡屡发生,给行业经营者带了巨大的财产损失。同时租赁公司也很无奈,一些租赁公司经营者表示,汽车租赁行业竞争激烈,导致各家纷纷降低租车的抵押门槛,不少汽车租赁公司简化了租赁手续,甚至主动放弃了随时回访的权利。对出租的汽车进行必要跟踪,了解车辆使用用途,其实是防止骗租的必要手段,但许多汽车租赁公司怕回访频繁,让顾客感觉不舒服,影响生意。另外还存在一种较为普遍的现象就是车辆一旦被租出去以后,车辆长时间驾驶,超速驾驶,造成租赁公司维修费和违章罚单一大堆,严重影响了公司的经济效益和车辆使用寿命。

5. 租赁车辆以低价区汽车为主

我国汽车租赁平台车辆品牌中,合资品牌和国产品牌各占一半市场;从价格来看,20万以下的车型数量最多,占比超过90%,其中10万以下的车型数量占比接近50%。在成熟的欧美租车市场,前十家的国际知名租车公司如赫兹、百捷乐,占据了超过90%的租车市场份额,中小规模的汽车租赁公司非常少。反观国内汽车租赁市场,近80%的市场份额被传统的上万家中小汽车租赁公司占有,且车辆价格偏低。这主要是由于汽车融资租赁公司的目标客户是信用和收入水平较低的次级信贷人群,低价和高性价比商品符合目标人群的消费特征。

三、我国租车市场前景分析

目前运营良好的互联网租车平台—嗨租车和神州租车等均获得了多轮融资,说明租车市场正全面兴起,未来"互联网+租车"行业势必是行业趋势。此外,在车辆管理、在线租车预定系统、车辆维修与养护、租车平台如能依靠科技将其优化,则将全面利好用户群,使用户群更加稳定、黏性更强。再者,国家政策的支持也是重要的方面,此前曾多次被曝出的专车被钓鱼执法等新闻则反映出了在市场需求与国家政策方面的矛盾,如果互联网租车能得到国家政策的大力支持,对行业本身来说无疑是最大的助力。

目前为了防止骗租事件发生,各家汽车租赁公司已经彼此加强了联系。而道路运输协会也开始推广预警信息系统,并对租赁车辆安装GPS定位系统,实现全方位的有效监控。同时汽车租赁公司在经营中应加强防范意识,采取有效措施,提高抵御风险的能力,完善内部管理制度,规范租赁程序。另外,汽车租赁公司应当提高管理水平,制定科学的管理制度,规范租赁规程,同时加强对员工的培训,全面提高防范风险能力,不可为追求市场份额而放松内部管理,降低租赁标准。同时还应:①加强事前信用考察。签订租车合同前,应当通过多种渠道对租车人的身份、经济状况、信用程度、租车用途做全面的调查并进行详细登记,认真辨别相关信息的真伪,不能单凭租车人的身份证、户口本等证件出租车辆。②设立有效担保。在签订租车合同时,租赁公司可以要求承租人特别是外地承租人提供保证人、保证金、财产抵押等担保方式,最大限度地避免风险。③加强对租赁车辆的跟踪管理。一方面,可在租赁合同中约定租车反馈条款,与租车人保持充分联系,及时掌握车辆去向;另一方面,可在车上加装GPS全球定位系统,随时了解车辆行踪,一旦车辆被骗,也可根据有关信息寻找,从而减少损失。④可通过建立行业协会、行业网站等平台,及时掌握犯罪信息。行业协会可定期发出预警,公布近期作案的犯罪分子及其作案手段,提醒各租赁公司加强防范,减少因信息不畅引发的系列案件。

因此,如何提高租赁企业自身对车辆的管理水平、提高租车率和防范风险等,便成了租赁企业工作的重点。为维护租赁企业的利益,避免各种危害于汽车租赁行业行为的发生,安装车载GPS系统,是无可非议的选择。通过该系统,租赁公司可以随时掌握其出租车辆的具体方位、行程、公里数,便于车辆管理,保证了企业的财产安全,为汽车租赁业保驾护航。

近年来,因为油价和维修保养费用的增加、使用汽车的成本不断提高、一线城市道路日益拥堵、政府和企业公务车改革、汽车消费观念的改变等诸多因素,都成为汽车租赁行业发展的强大推动力。因此,我国汽车租赁行业的发展前景十分可观。虽然汽车租赁行业的行业规范和信用体系尚不十分健全,但就目前的趋势来看,汽车租赁正被越来越多的公司和个人用户所接受。

第三节 汽车租赁经营模式分析

中国汽车租赁行业仍处于早期发展阶段,渗透率较低,但未来发展潜力巨大。汽车租赁服务根据租赁性质可以分为经营性汽车租赁和融资性汽车租赁。

一、经营性汽车租赁

经营性租赁,指承租人以取得汽车产品的使用权为目的,经营者则是通过提供车辆功能、税费、保险、维修、配件等服务来实现投资收益。经营性汽车租赁可以根据租用时长划分为短租和长租,目前市场上大多数租赁车辆用于短租,短租是当前最主流的汽车租赁方式。

二、融资性汽车租赁

融资租赁是指承租人以取得汽车产品的所有权为目的,经营者则是以租赁的形式实现标的物所有权的转移,其实质是一种带有销售性质的长期租赁业务,一定程度上带有金融服务的特点。

融资租赁是继银行、信托之后又一高发展潜力的行业,尤其是在扶持中国实体经济、促进中国工业4.0升级等方面,将起到巨大的推动作用。目前美国市场上融资租赁大概占70%,而中国市场还比较杂乱,基本上是空白。随着80后、90后等购车主力军对低首付、低利率的金融产品的需求加大,租赁行业相关政策法规的日趋完善,再加上汽车厂商、经销商集团以及第三方公司纷纷涉足该领域，推出多元化的产品和服务，汽车金融的市场势头越来越猛，在2020年中国汽车金融的渗透率将达到50%，市场规模预计突破2万亿元。汽车租赁作为融资租赁的一个重要领域，正逐步渗透到新车市场、二手车市场以及汽车金融市场，在不同场景应用下产生新的产品，推动着汽车产业链整合及升级。下面就从汽车租赁主体、租赁形式以及风控策略等层面，深度解读汽车租赁变革下的汽车金融行业。

1. 个人购车领域

汽车租赁渗透到个人购车领域，主要是缓解全款买车的经济压力，降低对个人征信的要求，加快提车审批速度，从而降低车辆使用的门槛。不仅如此，汽车租赁公司存在批量采购，车价会更优惠，还能提供金融及售后等专属服务，按租赁形式不同，分为租购、以租代购和个人合约租赁三种形式，具体如下：

(1)租购。租购是指承租人支付首付款(约10%~50%)，按期支付租金，租赁期满后取得车辆的所有权。这种交易方式中，不需要计算车辆的残值，每期租金的多少主要取决于车辆的零售价格、首付款比例和租赁期限。承租人承担车辆的残值风险，租赁期限届满后承租人取得车辆的所有权。

租购的合同条款通常由承租人和出租人商定，承租人违约时，如果已支付的租金未超过三分之一，出租人可直接取回车辆；如果已支付的租金超过了三分之一，则出租人只能通过诉讼的方式主张取回车辆或支付未到期租金。

(2)以租代购。以租代购是指在租赁期限内，承租人拥有车辆的使用权、租赁公司拥有车辆的所有权，在承租人支付最后一笔租金后取得车辆的所有权。

租赁公司会预先估计租赁期限届满时的车辆价值。承租人可以先支付一笔预付款，然后按照车辆零售价格和残值的差额支付每期租金。

越是不容易贬值的车辆，越适合该种交易方式，适合高端车辆。

(3)个人合约租赁。个人合约租赁是指在租赁开始时，交易双方事先约定一笔尾款，租期结束时承租人可以通过支付该笔尾款而取得车辆的所有权。如果承租人不想继续使用车辆，则可以直接将车辆返还给出租人。

租金的数额取决于零售价格和残值的差额，外加一点利息，这种交易会有行驶里程的限制，超过里程时则需在租期结束时支付罚金。

2. 机构融资领域

汽车租赁渗透到机构融资领域，主要是解决机构业务扩张时现金流不足，以牺牲所有权来达到融资的目的，为之服务的融资租赁公司，需要在汽车领域的专业能力，能控制整个租赁流程中的潜在风险，如车辆残值评估、承租人信任评估以及到期车辆处理能力等，按照租赁形式不同，分为合约租赁、直接租赁和售后回租三种。

(1)合约租赁。合约租赁是指在租期内，承租人拥有车辆的使用权、租赁公司拥有车辆的所有权，租期结束后车辆返还给租赁公司。在这种租赁方式中，承租人不承担车辆的残值风险，租赁期限届满时承租人无留购选择权，租赁期限一般2~4年。

租金的多少取决于车辆的零售价格、车辆的残值，租金大致相当于零售价格和车辆残值的差额。租赁开始时估计的车辆残值主要考虑计提的折旧、行驶的里程数、车况等因素。因此，残值越高，所需支付的租金越少。

这是一种最常用、最划算、最容易操作的车辆融资方式。

(2)直接租赁。直接租赁是车辆购置环节一种重要的融资方式,特别是对于增值税纳税人来说,与合约租赁的区别在于,租期的最后一笔租金需要覆盖租赁公司的全部投资。租期结束后,车辆将被租赁公司卖给第三方。如果售价超过之前约定的最后一笔租金,租赁公司将会把超过部分的一定比例返还给承租人;如果售价低于之前约定的最后一笔租金,则承租人负有补足的义务。

这种方式比较适合一次性支付压力较大的机构类承租人。最后一笔租金的多少,取决于每期租金的多少,每期租金少一点,则尾款会比较多;相反,每期租金多一点,则尾款就会比较少。每期租金的多少,取决于车辆的初始成本、租期、残值以及尾款。

在此类交易中,承租人承担了一部分车辆残值的风险,而且租赁公司一般会有最高行驶里程的限制。同时,租期结束后,承租人如果不想出售车辆,也可以继续租用。

(3)售后回租。如果业务或其他方面需要资金,可以将自己所拥有的车辆按照租赁公司评估的价格出售给租赁公司,然后再以合约租赁的方式租回使用,以达到融资的目的。

这种交易方式融资快,而且承租人可以继续使用车辆。但是,承租人将失去车辆的所有权,也不再承担车辆的贬值风险和再处置风险,租期届满后租赁公司将收回车辆。

3.汽车租赁风控

风控是汽车租赁得以健康、有序和稳健成长的核心,它能有效地保障租赁公司经济利益,又能更大化提升汽车使用寿命,同时促进租赁用户良性增长,笔者认为未来的汽车租赁风控将会从三个层面展开。

(1)租赁内部风控。租赁内部风控是控制租赁业务风险的重要手段,可从租赁手续、租车流程和租车方案进行风险控制。租赁手续重视客户资料的严格填写和租客会员制管理;租车流程则可细分为交车前业务、交车后业务和提供租赁服务,不同的租赁阶段给予不一样的风控策略;租车方案则针对个人、企业及政府单位等客户群不同而有所不同,同时通过增加押金和担保人等策略,降低汽车租赁风险。

(2)租赁用户信用风控。汽车租赁虽然降低了租赁用户的银行征信要求,但并不是对用户信用无要求,在无法调用及快速匹配国家信用体系时,一方面通过借用第三方征信体系,如阿里电商征信体系、腾讯社交征信体系和百度搜索征信体系,侧面对租赁用户信用进行评测;另一方面通过自建用户信用评估数据模型,通过用户提供的信息和交易数据,来做出用户信用报告。

(3)租赁车辆风控。租赁车辆是汽车租赁载体,其风险主要来自于租赁车辆丢失、租赁车辆损耗、租赁车辆残值评估以及到期租赁车辆的再处理,如何通过GPS等科技手段防止车辆丢失,杜绝人为损坏以及减缓车辆意外折损;如何通过智能化的工具,快速准确地对车辆残值评估;覆盖哪些渠道和方式,可以快速对到期租赁车辆进行在处理;这说明未来租赁车辆风控需要科技手段、大数据工具和垂直领域专业性三大层面的巨大支持。

汽车租赁既服务于个人购车领域,又服务于机构融资领域,其入局者既有传统的银行和汽车经销商,又有优信、人人车和瓜子等为代表的二手车电商,以及滴滴为代表的出行服务公司,更有美丽车金融、第一车贷等为代表的P2P(Peer-to-Peer,个人对个人)金融公司,相信汽车租赁在多方入局、共同竞争的环境下,会诞生出更多场景化、高效率的创新租赁产品。

第四节　汽车租赁创新模式实例

一、创新租赁模式颠覆传统租赁市场

目前,美国汽车租赁公司提供的业务范围除了自驾租赁外,带司机的租赁服务也比较发达,不少留学生节假日兼职司机赚取不菲的佣金。另外,租赁公司还提供路边救援、保险事故处理及酒后代驾、在部分4S店设有租赁点为客户提供各种车辆替换服务等临时服务。引人关注的是,近年来,美国汽车租赁行业在业务模式上的不断创新,也为这个行业增加不少活力。以Zipcar、RelayRides为代表的后起之秀,大胆革新,打破传统汽车租赁模式,正逐渐成为汽车租赁市场不可忽视的一支力量。

1. 目标问题

如何将"汽车分享"理念应用于汽车租赁?

2. 核心创新

网上租车公司Zipcar和RelayRides。

3. 解决方案

早几年,"汽车分享"理念在美国流行,以此理念为宗旨的网上租车公司Zipcar迅速崛起,颠覆了传统租车模式。其创意之一是提供按小时租车服务;二是在各个繁华社区包括大学校园提供专门停车位,替客户解决停车难问题;三是它的租车流程被大大简化,无需去柜台办理,信用卡资料完整的顾客第一次加入Zipcar时支付25美元的申请费,领取一张带磁卡的会员卡(这张卡可当作车钥匙使用,能够开/锁车门),当需要租车服务时,会员登录Zipcar网站或通过电话搜寻附近的车辆并预定,随后使用会员卡自行取车即可。所有费用均通过信用卡自动扣费,当车辆单日行程超过180英里(1英里≈1.61千米)后,系统还会自动记录并加收费用。另外,Zipcar还提供一种超值计划供顾客选择,有点类似于国内电话套餐。超值计划无须缴纳年费,但是需要承诺每个月的最低消费额度,最低消费额越高,平均到每小时和每天的租费越低。

图6-1　Zipcar图标

通用与RelayRides公司合作的"汽车共享服务平台"则提供了另一种创新模式,通过使用通用汽车公司的OnStar系统,将数百万的雪佛兰、凯迪拉克和别克等汽车车主发展为潜在的车辆出租用户。这些车主在办理OnStar Family Link服务后,即可实现对自己车辆的定位,然后可以直接在RelayRides上免费发布自己闲置车辆的出租信息。整个租车过程使用Onstar设备来完成远程解锁、监控、定位、交付等功能。当然并不是每个人都可以租车,Relay-Rides有一套严格的承租筛选规则。首先,承租人要注册详细的个人驾驶信息,RelayRides通过当地的机动车管理局进行信息核查,在近两年内有过重大交通违规的将被列入"黑名单";然后,通过信息核查,承租人才能与车主联系;最后,由车主决定租赁给哪位承租人。车辆一旦成功租赁出去,车主可获得60%的租赁费用,RelayRides获得剩下40%的租赁费用,但需要承担包括车主100万美元的汽车保险和租车人30万美元的人身财产保险以及撞车损失。

图6-2 RelayRides图标

4. 案例分析

Zipcar的这种手续简单、费用低廉的自助式租车服务,特别适合于有用车需求,但资金不够宽裕的人群,因此在年轻人中特别受欢迎,大约三分之二的会员年龄低于35岁,在校大学生是其中的主力人群之一。RelayRides帮助私家车主在爱车闲置的时候租用给有需要的人,包括小时租、日租、周租和月租,平均每月可以为车主带来250美元的收入。因为RelayRides出租的是"私家车",一方面减少了它购车的投入成本,另一方面也规避了"承租人众口难调"的麻烦。

5. 创新方法

联想思维创新法。所谓联想式思维,就是将所观察到的某种现象与自己所要研究的对象加以联想思考,从而获得新知识的思维形式。

二、理念先行,技术赋能

1. 目标问题

如何最大限度地满足消费者租车时最关注的三个因素(价格、车、便利性)?

2. 核心创新

神州租车。

3. 解决方案

2010年神州租车选择与联想控股作为战略性投资伙伴,获得了巨额资金,而雄厚的资金支持所带来的规模优势使低价促销成为可能。当年年底,神州租车便推出了日租69元的超低价租车体验,带来当月6 000万元的收入,吸引了大量新客户;另外,得益于雄厚的资金支持,神州租车在采购车辆时,能够尽可能选择丰富的车型以满足消费者不同的需求;而车况方面更是实现了由原来2年淘汰提前到1年半时间,这样的车辆更新速度为神州租车提升了不小的市场竞争力。

对于客户关注的租车便利性,神州租车在业内率先推出"两证一卡"的简易租车程序,即客户只要提供身份证、驾驶证和信用卡就能在门店租到车。同时大力发展手机、网络等渠道,一方面便于客户随到随取车,另一方面也使异地还车成为可能。从2012年初起,所有级别会员,租车均不限行驶里程。神州租车在全国66个城市拥有400多个服务网点,在全国如此大的范围内无时限地取消里程限制,让普通人租车出行的舒适感受再次升级。2012年5月,神州租车再次进行服务升级,宣布自即日起全面取消车辆贬值损失及停收事故类停运损失费,这标志着汽车租赁行业开启了一个全新的运营时代。据悉,"车辆贬值损失"和"事故类停运损失费"普遍存在于国内的租车企业中,用户在租车过程中有时会发生车损或严重事故,由此造成车辆停运无法正常运营的,租车公司为了保障自身利益,都会向用户收取一定的损失费用。如果发生严重事故,维修金额超过1万元的,客户还需另付车辆维修费用的20%作为车辆贬值损失。这些都给租车用户带来了经济负担和心理负担。不过神州租车却打破了这一行业的收费惯例,直接将其取消和减免,这无疑会让消费者更加收益。

图6-3 神州租车宣传标语

4. 案例分析

神州租车通过对消费者租车心理的市场分析,最终得出消费者在租车时最关注的三个因素:价格、车及便利性。"价格"因素不言而喻;"车"主要指的是车况与车型,也就是说,消费者不仅希望租到的车要车况好,而且在车型上能有更大的挑选余地;"便利性"实际上就是交易成本。针对目标市场,神州租车通过良好的车况、广泛的车型选择、遍布全国的服务网络,力求为客户提供低价、便利的租车服务;同时,神州租车还不断优化内部运营流程和管理流程,自主研发高效的后台信息处理系统,极大减少了租车的烦琐手续,不断为客户提供更好的服务体验。

5.创新方法

破坏式创新。可能很多人都听到过这样一句话:"不要和傻瓜理论,因为他会把你拉到和他一样的水平线上,然后用他丰富的经验打败你。"破坏式创新就是这样一种创新,行业的新进入者相对于行业领先者,唯一的优势就是他没有什么东西好失去,因此他就可以先制定新的、带有破坏性的行业规则,再把你拉到和他一样的水平线上面,之后用他的经验打败你。淘宝与易趣的对垒就是破坏式创新的典型案例:易趣是跟商家收取上架费的,交易也要收佣金,而淘宝作为后来者直接打出免费牌,一下子就把商家给吸引过去了。

第七章 二手车市场经营模式分析与创新

第一节 二手车市场的概念及背景

二手车交易是一个极具潜力的市场,二手车市场繁荣与否也是一个国家汽车工业是否成熟的标志。在国外,二手车交易大约是新车交易量的3倍,发达国家如美国,二手车市场占到整个汽车消费市场的70%,在英国、德国、日本等发达国家占比也很高。而我国二手车市场只占整个汽车消费的10%,跟国外发达国家仍有非常大的差距。

一、二手车市场的概念

二手车市场是机动车商品二次流动的场所,它具有中介服务商和商品经营者的双重属性。具体而言,二手车交易市场的功能有二手车评估、收购、销售、寄售、置换、拍卖、过户、转籍、上牌和保险等服务。此外,二手车交易市场还应严格按国家有关法律、法规审查二手车交易的合法性,坚决杜绝盗抢车、走私车、非法拼装车和证照与规费凭证不全的车辆上市交易。

二、我国二手车市场背景

1. 成立期

中国二手车市场是在1998年以后才逐步建立起来的。据了解,成立之初只是一些车贩子(又称"黄牛")在进行二手车倒卖,根本没有所谓的二手车经销商。随着我国汽车市场的不断发展与完善,二手车市场开始出现了一些规模化较小的经销商企业,虽然也配套了一些市场规范(如国家贸易部发布的《旧机动车交易管理办法》),但消费者购买二手车依然没有保障。

2005年,由商务部、公安部等主管部门联合发布了《二手车流通管理办法》。该办法的颁布代表我国二手车行业进入了全新时代,使得之前由物资系统进行特殊行业管理的状态转变为市场化的态势,虽说还是以私人经营为主,但是交易形式已经由私下交易之后进行过户,转变为二手车市场内进行交易为主。90%以上的二手车市场都有着国企背景,这些市场基本上都靠收取交易服务费和场地租金这类传统的经营模式来牟利,而随着政策对于民营资本的放宽,越来越多的民营二手车市场涌现出来。

2. 瓶颈期

众所周知,传统的线下二手车交易市场,长期以来一直具有几大优势:①品牌优势,一般而言,国内二手车交易市场在当地都相当于一个标志性的地标,几乎家喻户晓;②二手车商户集中,一般规模的国内二手车交易市场都有一两百个商户,大型的甚至在四五百个以上;③车价优势,国内二手车交易市场大多有政府的扶植帮助,市场租金等成本较低,定价方面更加有利于二手车交易;④服务功能强,一般大型的二手车交易市场都由交管局服务窗口给予验车上牌,由税务部门便于便利过户,在交易市场内即可完成一站式购车服务。

但继进入全新、快速的稳定发展阶段后,近几年二手车市场似乎也走到了十字路口,路边摊的历史原因造成二手车市场不被信任;国企背景、限迁、限购政策原因造成二手车市场经营和服务滞后;互联网电商冲击二手车市场最后阵地。于是,大多数二手车经销商均出现了亏损,二手车市场的租金也越来越便宜。

3. 转型期

越来越多的市场参与者重新激活了处于困境中的二手车市场,相比以往各经营者单打独斗的局面,今天的二手车市场看到的更多是基于资源整合的强强联手。其中最值得关注的便是经销商集团与二手车电商的频频握手。

在电商浪潮的不断影响与冲击下,国内二手车交易市场开始纷纷寻找新的机遇与突破口。纵观国内众多知名的二手车市场,大多都在紧锣密鼓地开展线上合作、创新,在充分利用好二手车交易中现有的传统优势的同时,选择和国内诚信的二手车电商交易平台抱团、结盟、整合。

第二节 二手车市场现状分析

相关数据显示,中国的二手车交易规模在未来5年仍能达到年复合19%的增长速度,预计到2022年将增长到2 960万辆;二手车消费信贷预计将从2017年的720亿元人民币,增至2022年的4 730亿元,年均增长将达45.6%。对比国外市场,2017年美国每千人汽车保有量为845辆,我国仅为133辆,市场不容小觑。到2020年,我国汽车金融渗透率将达50%,市场规模将突破2万亿元,也将进一步助力二手车行业发展。

一、我国二手车市场的现状

1. 二手车交易总量增长速度快,发展潜力巨大

据中国汽车流通协会发布的2019年二手车全年数据:受新车市场全年销量2 576.9万辆、同比增长8.2%的影响,国内二手车交易量同比增幅虽然有所放缓,但仍然同比增长了8%。相较于新车同比下跌的局面,国内二手车交易总量将近1 500万辆,从车龄分布状况看,车龄在3年以内的车型交易了369.95万辆,占总交易量的24.79%,与去年同期增长了0.93个百分点;车龄在3~6年车型共交易614.46万辆,占总交易量的41.18%,与去年同期下降了1.49个百分点;车龄在7~10年的车型相比去年占比下降了0.19个百分点,共实现334.31万辆的交易;车龄在10年以上的车型比例与去年同期相比小幅增长0.76个百分点,共交易173.56万辆。种种数据表明,二手车正在成为中国汽车市场的一个新的增长点。

2. 二手车市场向规模化方向发展

二手车市场发展迅速,呈现出明显的变化,如消费层次得到提升、市场经营主体规模化和规范化进一步增强。许多二手车经销商推出了七天无理由退换的售后服务承诺和一口价的销售模式,在行业发起并实施管理标准。另外,随着互联网电商平台的日益强大,传统二手车市

场与互联网逐步融合,行业提升的潜力巨大。C2C(Consumer to Consumer,用户对用户模式)二手车直卖模式的出现很大程度上改变了用户对二手车的传统看法,让车辆信息更加透明,使消费者对在线上购买二手车的信任度逐步提高。这些举措不仅推动了二手车交易量的提高,也使整个二手车市场得到迅速发展,相信随着二者的深度融合,全国的二手车市场交易量会有更大的提升。

3. 二手车地域性发展突出

在我国,二手车市场还凸显出地域性发展的特点,相较于经济落后地区,经济越发达地区,二手车交易量越大,交易方式越多样,各项交易活动也更为制度化。

4. 二手车车龄越来越"年轻化"

一般来说,二手车的车龄可以分为三个时间段:①3年以内的二手车。从性价比来说,其折旧率是最高的,基本是裸车价格的30%左右,在这之后的折旧率比较平缓,在5%~10%之间,即二手车在前三年掉价是最快的;②3~6年车龄的二手车,这个年龄段的车已经进入中年期,最大的特点是价格便宜,有的甚至可以用新车裸车价的一半就能买到,而且不用缴纳购置税,可以省去许多麻烦。但是,这个车龄相对于3年以内的二手车来说,车况肯定是比不上的,同时保养费用也很高,但总体算下来,价格还是非常实惠的;③6~10年车龄的二手车,虽然价格上相当优惠,但车况比较差,可谓"英雄迟暮"。

据统计,截至2017年12月,从车龄上看,车龄在7年内的二手车占比超过60%,成为成交的主要车源。其中,3~5年的二手车卖出量最高。总体来说,随着人们消费水平的提高以及汽车金融的渗透,车主置换新车的周期开始变短,二手车车龄年轻化已是大势所趋。

5. 好政策促使二手车市场需求逐步扩大

近年来国内出台了购置税优惠、二手车"国八条"等政策,使二手车的交易规模呈现稳步上升的趋势。二手车进入了一个全面的解禁时代。同时,国家加强了对二手车市场的政策扶持,在未来几年,二手车市场潜力将会不断释放,交易规模也将保持较高的增长势头。今后,人们买卖二手车不会再受到官方的严格限制,这将在短时间内拉动二手车市场的销售量和成交量,对于那些二手车的购买者和卖家来说,是非常好的机会。长远看来,二手车市场的增速将高于新车。

二、目前中国二手车市场存在的主要问题

1. 二手车市场交易体制不成熟,交易不规范

我国二手车市场发展速度太快,加之二手车市场法制体系还不健全,目前我国已经出台的二手车交易相关法规还远不能满足二手车交易实际操作的需要,致使中国的二手车市场迄今还比较混乱。

二手车过户,就是把车辆所属人的名称变更。买卖二手车,除了在交易环节看好车况,最重要的环节就是办理过户手续了。目前,国内还没有统一的二手车交易程序标准,致使在交易中逃税、漏税现象很严重,而且交易过程中还存在私买公卖低价格、公买私卖高价格的现象,造成公有资产严重流失。另外,我国二手车交易的税收标准还不统一,致使各地二手车交易市场在准入、交易方式、经营成本、经营利润等方面存在差异,从而导致了各地交易市场的业务主要是面向本地区,妨碍了二手车的异地流通。同时,二手车交易手续相对比较复杂,给交易双

方带来比较大的麻烦,这在一定程度上阻碍了二手车市场的快速发展。

2. 缺乏临时产权登记制度

执照国际惯例,二手车进入流通环节,要对其产权进行临时登记,改变当前二手车在展卖期间当成在用车的状况,在流通过程中对其产权做临时的登记和变更,当最终用户买到车之后,再进行转移登记,恢复其在用车属性。由于各地政策的差异,缺乏有效的临时产权登记制度,在一定程度上限制了二手车商的规模。

3. 二手车信息不对称,鉴定评估缺乏科学统一的标准

目前我国还未建立起全国性的二手车交易信息网系统,车辆的合法性信息、维修信息、事故记录信息等缺乏公开、透明环境,因此我国的二手车市场是一个信息很不对称的市场,其结果必然导致二手车交易过程中不诚信现象频发。再加上目前我国还没有形成一套较为完整、严谨、科学的二手车鉴定评估标准,造成了普遍存在的评估随意性大、手段不科学以及评估结果偏离车辆的实际价值等显著问题,从而使二手车评估价格缺乏公信力和可信度。

4. 限迁政策阻碍二手车的流通渠道

二手车限迁政策是指一些地方政府对于不符合相关标准的外地二手车不予上牌的限制性政策。本质上是地方政府为保护本地汽车销售市场,防止大量外地二手车涌入带来的价格冲击所采取的保护性政策措施。国家商务部目前正推动全面取消二手车限迁政策,加快修订《二手车流通管理办法》,规范二手车交易秩序,促进二手车市场潜力进一步释放。

5. 二手车交易形式相对落后,售后服务体系不完善

目前为止,我国二手车交易市场的管理水平仍然参差不齐,许多市场管理者素质较低,经营管理手段落后,交易形式比较单一,这些都严重阻碍了二手车市场健康、有序、快速地发展。同时,我国二手车售后服务体系尚未建立,二手车售后服务的缺失已在一定程度上影响了消费者购买二手车的信心,这势必阻碍二手车市场的持续发展。

三、促进我国二手车市场健康发展对策

1. 加快二手车市场交易过程中诚信机制的建立

首先,由国家相关部门牵头,二手车销售商、汽车制造厂商、各品牌4S店、各地的汽车修理店广泛参与,共同构建起功能完善的汽车信息数据库系统,方便买卖双方进行车辆信息的查询。通过信息透明化建设,消除二手车交易过程中的信息不对称和价格欺骗现象,促进二手车市场交易环境的健康发展。其次,完善二手车售后服务体系,使二手车售后服务体系与二手车销售体系同步发展,重塑二手车消费者的购买信心。最后,建立相对独立的诚信监督机构,消除有的执法部门在二手车市场中既当运动员又当裁判员的现象。二手车诚信监督机构通过对二手车经营主体的严格监管和对二手车市场交易行为的规范,促进二手车市场诚信机制的建立。

2. 完善二手车市场交易机制,规范二手车市场交易行为

国家相关部门应结合我国二手车市场的发展现状,针对二手车交易过程中存在的问题及时出台相关法规,使二手车交易操作有法可依,二手车市场的交易行为逐步规范;同时,统一我国二手车交易的税收标准,简化二手车交易过程中的相关手续,促进我国二手车的跨区域

流通。

3. 完善二手车鉴定评估体系

目前,在多数二手车消费者对汽车并不十分了解的情况下,二手车交易市场应该建立科学规范的鉴定评估体系。由国家主管部门制定统一的鉴定评估标准、流程,引入第三方鉴定评估机构,做到二手车的鉴定评估和销售相互独立,保证评估过程公开透明,使评估结果真实可信。同时,由于二手车市场和汽车技术发展十分迅速,所以评估方法及评估标准应适时更新,这就需要建立二手车鉴定评估师的再培训制度,取消职业资格终身制,使二手车鉴定评估师不断接受再教育,以适应市场发展的需要。

4. 创新交易模式,发展相关配套业务

在我国二手车市场快递发展的过程中,传统的二手车交易模式已经成为二手车交易市场发展的瓶颈,因此亟须创新交易模式的更新。只有不断创新交易模式,才能适应不断发展的市场需求。与此同时,应通过二手车市场的发展带动汽车保险、信贷、租赁、拍卖、评估、置换、美容、维修、零配件供应等一系列相关汽车服务业的发展,形成更完善的汽车后产业链,确保汽车市场能够健康平稳快递地发展。

四、二手车市场的发展前景

我国二手车市场正处于行业洗牌的关键期,其发展前景是美好的,过程也是残酷的。世界汽车工业的发展历程告诉我们,一个国家汽车产销量的上升一定能够带动二手车市场交易的增加,我国汽车产量居世界之首,经济规律要求二手车市场交易要紧跟新车产销量的节奏。目前中国二手车市场无论是在市场体制、交易环境,还是交易模式上,均与国外成熟的二手车市场存在差距。只有借鉴经验,发现问题,针对中国二手车市场不断创新,发展一套具有中国特色并切实可行的经营模式,才能让我国二手车市场持续健康发展。

第三节 二手车电商经营模式分析

在中国二手车行业从无到有,以及逐步规模化、正规化的发展过程中,互联网对于行业的改造一直如影随形。从最早的二手车信息发布平台,到垂直二手车网站,再到专业的二手车交易服务平台,二手车电商的兴起也在不断地改造并推动着行业的进步与发展;在行业发展进程中,二手车在线服务平台也意识到线下庞大且分散的二手车经销商的重要作用,多数电商平台也在不断转型、调整自身业务逻辑,更好地服务经销商,赋能经销商,协助经销商完成二手车交易。二手车电商行业发展历程如图7-1所示。

一、二手车电商主要经营模式

目前国内二手车电商平台主要有四大模式:以瓜子二手车、人人车为代表的C2C直卖模式,以车置宝为主的C2B(Consumer to Business,消费者到企业)拍卖模式,以优信拍、汽车街为代表的B2B(Business to Business,企业对企业)模式和以优信二手车、车王为代表的B2C(Business to Consumer,企业对个人)模式等,如图7-2所示。

1. C2C 模式

由于国内目前的行业发展和配套各类检测、信息、诚信、监管、保障等不足,所以 C2C 基本在中国现阶段难以实现规模化和商业平台化。C2C 电商都在进行创新模式转化,如 C2B2C。

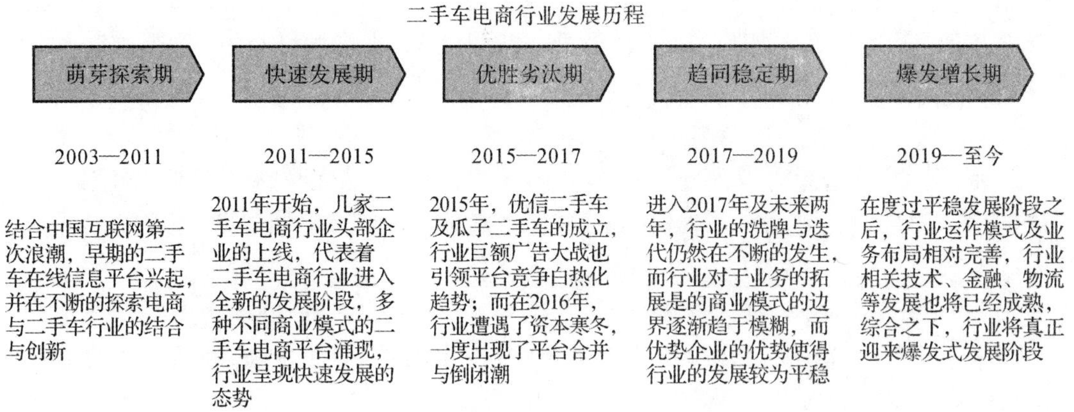

二手车电商行业发展历程

萌芽探索期	快速发展期	优胜劣汰期	趋同稳定期	爆发增长期
2003—2011	2011—2015	2015—2017	2017—2019	2019—至今
结合中国互联网第一次浪潮,早期的二手车在线信息平台兴起,并在不断的探索电商与二手车行业的结合与创新	2011年开始,几家二手车电商行业头部企业的上线,代表着二手车电商行业进入全新的发展阶段,多种不同商业模式的二手车电商平台涌现,行业呈现快速发展的态势	2015年,优信二手车及瓜子二手车的成立,行业巨额广告大战也引领平台竞争白热化趋势;而在2016年,行业遭遇了资本寒冬,一度出现了平台合并与倒闭潮	进入2017年及未来两年,行业的洗牌与迭代仍然在不断的发生,而行业对于业务的拓展是的商业模式的边界逐渐趋于模糊,而优势企业的优势使得行业的发展较为平稳	在度过平稳发展阶段之后,行业运作模式及业务布局相对完善,行业相关技术、金融、物流等发展也将已经成熟,综合之下,行业将真正迎来爆发式发展阶段

图 7-1 二手车电商行业发展历程

2. C2B 模式

随着 C2B 的模式成熟和技术升级,B 端逐渐成为车源供给方,跨区域 C2B 的拍卖在检测技术、物流运输、系统支撑、网络支付多方面升级后成为可能。C2B 模式也逐步进入 B2B 模式。

3. B2B 模式

目前各类 B2B 的拍卖总体数量仍远未达到成熟市场比例,车源供给方的 4S 店,其认知水平和专业化处置也需要进一步提升,同时拍卖平台的全国化多类型仍有空间。

4. B2C 模式

B2C 的信息类平台是目前收入比较稳定的模式。B2C 的传统二手车经营者不擅长互联网信息筛选,而电商专业落地不如传统二手车商,因此 B2C 模式势必会相互合作赋能。

分类	二手车电商类型	服务对象	代表企业
2B端	B2B竞拍模式	4S店、二手车车商	优信拍、汽车街、车易拍
	C2B竞拍模式	C端卖车用户、二手车批发商、二手车零售商	车置宝、天天拍车、车开新、车速拍、大搜车、淘车、迈迈车
2C端	C2C模式	C端卖车用户和C端买车用户	瓜子二手车、人人车、好车无忧
	B2C模式	二手车零售商和C端买车用户	优信二手车、淘车、车猫、99好车

图 7-2 二手车电商主要经营模式

二、二手车电商行业发展存在问题

1. 行业发展缺乏统一标准

二手车电商市场比较大的问题就是缺乏行业标准,其中包括车辆定价、车况来源、车辆质量等多方面。基于我国二手车行业发展过快,市场规范、行业准则以及部门监管没能及时跟进,也导致出现各式各样的问题,数据造假就是一个侧面的体现。

2. 行业同质化竞争激烈,缺乏创新

二手车行业主要靠资本来驱动,恶性竞争的后果是无法形成用户黏性,行业之间同质化严重,没有得到更好的创新,行业发展停滞不前,行业中各种深坑、套路问题也让消费者缺乏对行业的认同。

3. 现有法律执行不严格,"退一赔三"适用难

大部分二手车电商平台其核心的业务模式性质还是"居间中介"性质,并非是销售者。因此,"退一赔三"的责任对二手电商平台并不适用。

4. 二手车电商行业营销模式多异

(1) C2C 模式交易链冗长,盈利问题制约其可持续发展。C2C 模式主要依赖本地交易,服务费是我国二手车 C2C 电商平台主要收入来源,结构较为单一。在售车质量和服务上往往也最难以让购车用户满意。

(2) C2B 模式盈利空间小,服务链条处于探索阶段。C2B 模式服务费用不足以支撑车辆检测、平台搭建等因素导致获客成本偏高。C2B 模式向零散私人收车存在信息不透明、过户隐患、对车源追踪不成熟不到位等问题。

(3) B2B 模式车源复杂,发展前景有局限。B2B 模式出现问题的最大原因就是车辆来源的极其复杂不透明,容易隐瞒真实车况,争夺二手车车源市场,需要极大地整合车源成本,发展有局限。

(4) B2C 模式购车成本高,市场环境有要求。在收购车辆时,需要巨大成本支撑,且定价权完全掌握在平台的采购人员手中,不排除回扣等问题,加剧了市场恶性发展。

三、二手车电商营销模式优化建议

目前我国的二手车市场规模存量很大,根本问题是如何激活市场。要激活二手车市场,单纯的线下市场肯定不行,建立线上线下相结合的模式是必然的选择。

(1) 开放二手车在各城市的自由流通、规范拆车件的回收再利用、开放海外出口业务,形成完整的流通交易网。二手车跨区域自由流通,首先面临的是价格差异的问题。最有效的办法是在完善的检测体系约束下,制定统一的计算方法,并由评估协会定期根据市场行情发布权威价格指导手册,企业据此调整车价,提高价格透明度。此外,事故车也可以通过修整再出售或者拆车卖配件等形式进行交易。重视二手车海外出口,可以提高二手车交易量,规范检测评估机制和优化交易环境等,利于激活国内二手车市场。

(2) 二手车行业应建立成熟完善的检测人才培训体系。对于鉴别二手车这种非标准化的商品来说,关键在于人的综合知识和从业经验,因此二手车企业应重视建立成熟的人才培训体系,甚至拥有专门的培训基地,学员要完成从理论到实操的一整套专业课程,并在结业时还要通过考核。而只有通过大量的评估、拍卖和交易实战,才能培养评估技术熟练经验丰富的收购人才。

(3)建立符合我国二手车市场完善的检测体系和交易制度,提高市场诚信度和透明度。我国地域广阔,二手车行业高速发展,各企业都在极力打造自己的品牌,抢占市场,因此要想统一检测标准,就必须推出国家标准。二手车中间商应始终保持中立,解决交易信任问题。通过标准化的管理制度和监督体系,使检测流程的公平度和透明度得到最大化。

(4)制定严格的行业准入制度和惩罚机制,制定严格的二手车企业和评估师准入制度,并定期进行复核,增强其社会约束性。对于隐瞒车况信息或更改行驶里程等行为,将受到诸如计入个人征信不良记录、终生行业禁入等严厉处罚。

第四节 二手车市场创新经营模式分析

一、打造新零售样板

1. 目标问题

如何有效解决消费者全国在线化购买二手车?

2. 核心创新

优信二手车"全国购"模式。

3. 解决方案

利用车辆数字化的经验,优信二手车所有在线展售的车辆均具有清晰完整、有质量承诺和保证的数字化报告;同时还有一年保修,三十天点对点送货上门服务。这种车辆数字化创新模式能够让全国任何一个地域的消费者同时看到全国的库存。另外,优信率先拥有的VR全景看车、视频看车等多种在线看车方式,使消费者远程线上看车就能全方位了解车辆的详细信息;加上细致的在线咨询、合同签署、下定支付等环节,消费者足不出户,就可以买到心仪的好车。

图7-3 优信二手车图标

4. 案例分析

2020年,中国汽车流通协会发布《疫情对汽车市场影响分析》报告,从汽车行业本身和用户行为表现两大维度,解析新冠肺炎疫情对产业和用户的冲击和影响。报告指出,尽管汽车产业受疫情影响较大,但也催生了线上直播、车内空气安全、线上购车等新的营销方式和消费热点,长期来看有利于产业的优胜劣汰,加速汽车新零售和智能化产业链技术商业化进程。

早在2017年优信就开始探索二手车"全国购"模式,把整个交易链条迁移到线上,提升二手车的在线化率。截至目前,优信已经形成一套完善的系统,包括车辆检测、在线选车、线上销售、物流交付、售后服务、供应商管理等系统,涵盖二手车在线交易的全流程。这也开创了二手车行业的先河。在这场"全民抗疫、自我隔离"的战斗中,购车线上化必将发挥出更大的作用,给消费者带来便利。

5. 创新方法

开拓式创新。开拓式创新是最有价值、也最有难度的一种创新,这种创新所创造的事物是历史上不曾出现过的,是全新的,并且对于历史进程具有深远的影响。

二、创新引领未来

1. 目标问题

如何为个人车主和买家提供一个诚信、专业、便捷、有保障的优质二手车交易市场?

2. 核心创新

人人车二手车交易平台。

图7-4 人人车宣传标语

3. 解决方案

人人车首创了二手车C2C虚拟寄售模式,直接对接个人车主和买家,砍掉中间环节。该平台仅上线车龄为6年且在10万千米内的无事故个人二手车,卖家可以将爱车卖到公道价,买家可以买到经专业评估师检测的真实车况的放心车。

另外,人人车也在车况分级、精准定价、智能调度、个性推荐等方面取得了重大进展。比如,智能推荐在应用于平台网页和 APP 后,人人车能够根据买家对车龄、价格、侧重点的要求等,通过大数据计算推荐给买家一辆符合条件的车型。举例说明,人人车在搜集、分析客户资料后,得出了"男性、一家三口、爱好自驾游、接送孩子、购车预算 25 万"等限定性条件后,即可为用户大幅缩小车辆选择范围,为其精准推荐合适的品牌、车型,也为后续的售后服务、金融支持开辟了道路。

4. 案例分析

秉承"模式创新,技术创新才是二手车市场的变革力量"宗旨,从 C2C 模式,到大数据、人工智能技术应用,再到全平台服务体系的建立和完善,在二手车行业中,人人车始终是行业创新的引领者。

5. 创新方法

破坏式创新和移植式创新。

第八章 新能源汽车市场经营模式分析与创新

第一节 新能源汽车市场概述

一、新能源汽车概念

新能源汽车是指采用非常规的车用燃料作为动力来源（或使用常规的车用燃料、采用新型车载动力装置），综合车辆的动力控制和驱动方面的先进技术，所形成的技术原理先进，具有新技术、新结构的汽车。

新能源汽车主要包括混合动力电动汽车（HEV）、纯电动汽车（BEV，包括太阳能汽车）、燃料电池电动汽车（FCEV）和替代燃料汽车（如天然气、乙醇、甲醇）等。

（一）我国政策文件对新能源汽车界定明确、统一（见表8-1）

表8-1 代表性政策文件对新能源汽车的界定

发布日期	文件标题	表述用词	包含类型			
			混合动力汽车	纯电动汽车	燃料电池汽车	其他
2001年9月	"十五"国家863计划电动汽车重大专项	电动汽车	混合动力电动汽车	纯电动汽车	燃料电池汽车	
2006年2月	《国家中长期科学和技术发展规划纲要（2006—2020年）》	低能耗与新能源汽车	混合动力汽车	纯电动汽车	燃料电池汽车	替代燃料汽车
2007年10月	《新能源汽车生产准入管理规划》	新能源汽车	混合动力汽车	纯电动汽车	燃料电池电动汽车，氢气发动机汽车	二甲醚汽车等
2010年10月	《国务院关于加快培育和发展战略性新兴产业的决定》	新能源汽车	插电式混合动力汽车	纯电动汽车	燃料电池汽车	

续表

发布日期	文件标题	表述用词	包含类型			
			混合动力汽车	纯电动汽车	燃料电池汽车	其他
2012年3月	《电动汽车科技发展"十二五"专项规划》	电动汽车	常规混合动力汽车、插电式混合动力汽车	纯电动汽车	燃料电池汽车	
2012年7月	《节能与新能源汽车产业发展规划(2012—2020年)》	新能源汽车	插电式混合动力汽车	纯电动汽车	燃料电池汽车	
2013年9月	《关于继续开展新能源汽车推广应用工作的通知》	新能源汽车	插电式混合动力汽车	纯电动汽车	燃料电池汽车	
2014年7月	《国务院办公厅关于加快新能源汽车推广应用的指导意见》	新能源汽车	插电式(含增程式)混合动力汽车	纯电动汽车	燃料电池汽车	
2015年4月	《关于2016—2020年新能源汽车推广应用财政支持政策的通知》	新能源汽车	插电式混合动力汽车	纯电动汽车	燃料电池汽车	
2016年12月	《关于调整新能源汽车推广应用财政补贴政策的通知》	新能源汽车	插电式混合动力汽车	纯电动汽车	燃料电池汽车	
2017年4月	《汽车产业中长期发展规划》	新能源汽车	插电式(含增程式)混合动力汽车	纯电动汽车	燃料电池汽车	
2019年3月	《关于进一步完善新能源汽车推广应用财政补贴政策的通知》	新能源汽车	插电式(含增程式)混合动力汽车	纯电动汽车	燃料电池汽车	

数据来源:《节能与新能源汽车年鉴》(2001—2019年)

由表8-1可知:2001—2019年我国代表性政策文件对新能源汽车概念的界定呈现一些规律性变化,这种规律性变化主要体现在以下两方面。

1.我国新能源汽车的表述用词逐渐明确、趋于统一

2001年9月启动的"十五"国家863计划电动汽车重大专项将新能源汽车表述为"电动汽车";2006年2月发布《国家中长期科学和技术发展规划纲要(2006—2020年)》(以下简称《规

划纲要》),《规划纲要》将新能源汽车表述为"低能耗与新能源汽车";2007—2010年发布的政策文件使用了"新能源汽车"的表述用语;而在2012年3月发布的《电动汽车科技发展"十二五"专项规划》中再次将新能源汽车表述为"电动汽车"。在此之前,关于新能源汽车的表述用词一直没有得到确定。直到2012年7月,国务院发布《节能与新能源汽车产业发展规划(2012—2020年)》,该文件明确使用"新能源汽车"表述用词。此后,国家各部委发布的相关文件中一直沿用"新能源汽车"表述用语,如2017年4月发布的《汽车产业中长期发展规划》等政策文件中,均使用"新能源汽车"这一表述用语,关于新能源汽车的表述用词得到统一。

2.我国新能源汽车包含的汽车类型逐渐明确、趋于统一

2001年9月启动的"十五"国家863计划电动汽车重大专项提出"三纵三横"的发展路径,"三纵"即混合动力汽车、纯电动汽车和燃料电池汽车(三种汽车类型见图8-1);"三横"为多能源动力集成控制系统、驱动电动机及其控制系统和动力蓄电池及其管理系统。在2006年2月发布的《规划纲要》中,将新能源汽车包含的汽车类型扩大为四种,即混合动力汽车、纯电动汽车、燃料电池汽车和替代燃料汽车。2012年3月发布的《电动汽车科技发展"十二五"专项规划》,将混合动力汽车进一步划分为常规混合动力汽车和插电式混合动力汽车。直到2012年7月发布《节能与新能源汽车产业发展规划(2012—2020年)》,新能源汽车包含的汽车类型才逐渐得到明确和统一。此后,在国家各部委发布的相关政策文件中,新能源汽车主要包含三种类型:插电式(含增程式)混合动力汽车、纯电动汽车和燃料电池汽车。

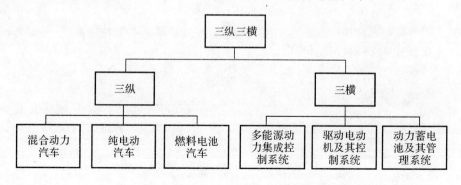

图8-1 电动汽车"三纵三横"发展路径

(二)新能源汽车技术特点

1.混合动力汽车

混合动力汽车由内燃机和电动机提供动力。由于它具有动力源,因此不需要在储能装置中储存大量的电能,这不仅克服了电动车行驶距离短的缺点,而且比其他传统燃油车辆具有更好的经济性。在节约不可再生能源的同时大大减少了汽车尾气排放。然而在仅安装一个系统的车辆上安装两组系统,车辆自身的质量将会增加,并且整个过程和控制的要求将相对提高。因此,混合动力电动汽车的结构比较复杂,控制技术要求很高,相应的成本和价格会更高。此外,它还使用传统的内燃机,因此它仍然消耗不可再生的能源,并且需要在提高能效和保护环境方面进行改进。图8-2是混合动力汽车的动力流程图。

第八章 新能源汽车市场经营模式分析与创新

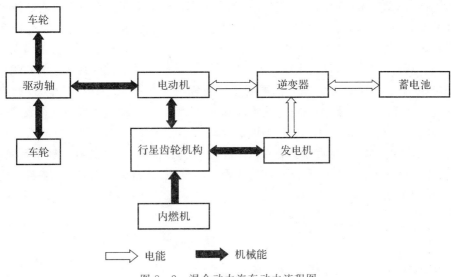

图 8-2 混合动力汽车动力流程图

2. 纯电动汽车

纯电动汽车是使用电动机作为动力源而不是燃料的内燃机。蓄电池为能量的存储单元。纯电动汽车具有许多优点,例如独立于石油,具有良好的操作性能,无噪声,低振动,高效率,使用电力驱动不使用燃料等,因此可以实现零排放和低噪声;并且由于使用单一电能源,电控系统比混合动力电动车辆简单得多,这不仅降低了成本而且补偿了电池的部分价格。但缺点是锂离子电池的高性能电池技术瓶颈仍没有质变式的突破,循环寿命、功率密度、能量密度、工作温度区间、安全和成本等仍是电动车发展的制约因素。图 8-3 是纯电动机的结构图。

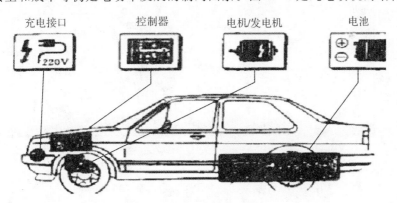

图 8-3 纯电动机结构图

3. 燃料电池汽车

燃料电池汽车是由电动机提供动力,使用氢能源作为燃料,用燃料电池作为能量转换装置。最早的燃料电池汽车 FCEV(Fuel Cell Electric Vehicle)是燃料电池大客车 FCEB(Fuel Cell Electric Bus)。早期的 FCEV 燃料电池及其辅助设备庞大而沉重,占据了公交车的大部分装载空间,几乎没有乘客座位,这给 FCEV 的整体布局带来了相当大的困难。然而,与传统的内燃机相比,FCEV不通过热机工艺,并且不受卡诺循环的限制。它不仅具有高能量转换效率和对环境友好的优点,而且还能保持传统内燃机车辆的长距离高速行驶、安全性和舒适性等,因此被认为是21世纪首选的清洁高效的运输工具。开发燃料电池汽车的困难在于氢燃料的储存、燃料电池的尺寸、昂贵的生产成本及高性能质子交换膜的开发和复杂的控制系统。虽然氢能源资源丰富,但是想要实现大范围的生产所需费用高昂,短期内难以实现规模化的生产。国内外大多数专家认为,燃料电池技术将成为21世纪汽车技术的核心。在我国863计划中,燃料电池汽车的发展也明确包含在中国的电动汽车计划中。以氢为燃料的汽车长期来看还是具有一定的发展潜力,与其他新能源汽车相比,氢燃料电池汽车具有续航里程长、动力性能高、燃料加注时间短、零排放无污染、燃料可再生等优点,在环保政策趋严、能源结构调整的情况下,氢燃料电池汽车受到国际市场的认可。

二、新能源汽车市场现状

(一)中国新能源汽车产销规模均破百万

2010年,我国新能源汽车销量还不足1万辆;而2015年,销量已达33万辆,并且新能源汽车渗透率突破1%;2018年,我国新能源汽车产销量已均超过120万辆,是2010年销量的147倍。从全球新能源乘用车市场来看,我国已连续4年占据龙头地位。2018年,全球新能源汽车市场乘用车销量为200万辆,而同期中国新能源乘用车销量达105万辆,占全球市场份额已超50%;2019年,我国新能源汽车市场占全球市场份额仍然过半(见图8-4)。如图8-5和图8-6所示,2015年全球新能源乘用车销量前10的品牌中,我国占据3个席位;到2019上半年,我国新能源乘用车品牌已占据5个席位。

图8-4 中国新能源乘用车销量及全球市场份额

(二)中国新能源汽车产业已从导入期迈入成长期,逐步向消费驱动转型

中国新能源乘用车渗透率最高,已远超欧盟、日本。如图8-7所示,据中国汽车工业协会、ACEA、Markline等机构统计,2019年上半年中国、欧盟、美国、日本乘用车销量分别为1 012.70万辆、818.36万辆、259.38万辆、228.57万辆;其中新能源乘用车销量分别为56.29万辆、19.78万辆、13.65万辆、1.73万辆,对应新能源车型渗透率分别为5.56%、2.42%、5.26%、0.76%。日本新能源乘用车渗透率较低的原因是:HEV车型较多,据经济产业省披露,2018年日本市场HEV占比31.84%。美国新能源乘用车渗透率较高的原因是:乘用车占比低。据 Markline 披露,2019 上半年美国乘用车、轻卡销量分别为 259.38 万辆、584.47 万辆。

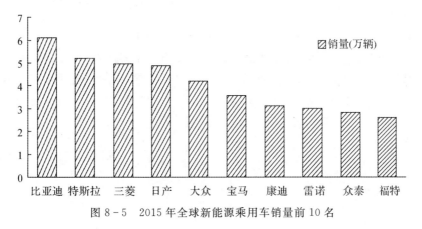

图 8-5　2015 年全球新能源乘用车销量前 10 名

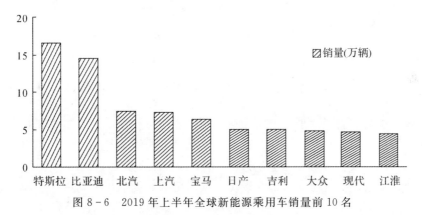

图 8-6　2019 年上半年全球新能源乘用车销量前 10 名

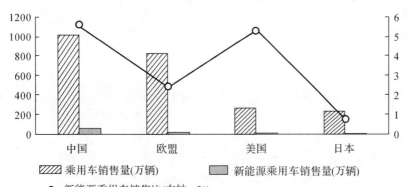

图 8-7　2019 年上半年主要国家新能源乘用车渗透率

我国新能源汽车产销量增长总体较快,2019 年前半年国内新能源汽车销量突破 60 万辆,较 2018 年同期提高近 50%,尤以乘用车增幅最为显著:乘用车销量为 56 万辆,较 2018 年同期提高 58%。在新能源汽车渗透率方面,2018 年我国新能源汽车渗透率为 4.5%,而 2019 年前半年渗透率降低为 1.4%,可见我国新能源汽车市场占有率偏低,仍有很大的提升空间。在禁燃驱动力的推动下,我国新能源汽车产业高速增长,2019 年的前 7 个月,新能源汽车销量保持 40% 以上的增速,但到了下半年,随着购车补贴大幅退坡、外资限制逐步松绑等标志着新能源汽车行业市场化竞争加快,新能源乘用车短期销量开始承压。如图 8-8 所示,2019 年我国新能源汽车销量及增长率有所下滑。2019 年 8 月,新能源乘用车批发量比 2018 年 8 月降低了 16%;根据中国汽车工业协会统计数据显示,2019 年新能源汽车生产量和销售量相较于 2018 年分别降低了 2% 和 4%。有一部分新能源车企为弥补财政补贴大幅下降带来的冲击,实行增加汽车配置、提高汽车价格的措施,在短期内能解决车企的资金链问题。

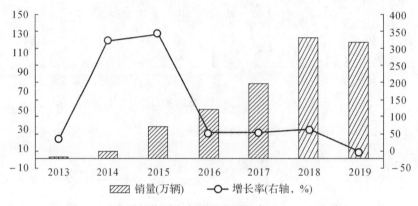

图 8-8 中国新能源汽车销量及增长率(2013—2019 年)

同时我国新能源乘用车逐步开始向大型高端化的方向发展。根据我国乘用车市场信息联席会的统计数据显示,2019 年上半年我国纯电动乘用车的销售量为 51 万辆,其中,A00 型车的销售量为 14 万辆,A 型车的销售量为 27 万辆,A 型车正逐渐代替 A00 型车成为纯电动乘用车的主要销售车型。纯电动乘用车高端化转型背后的主要原因有两个:一是财政补贴政策的退坡和准入门槛提高,续航里程小的纯电动乘用车所获得的补贴越来越少;二是 A00 型车的主要功能是代步,并且前期由于价格较低比较受青睐,因而销量大增,后由于安全系数低、质量较差,所以销量下滑。B 型、C 型纯电动乘用车开始成为市场主流。

(三)乘用车占据新能源汽车销量主力

2019 年,根据中国汽车工业协会统计数据显示,我国纯电/混电乘用车和商用车的销售量分别占 88% 和 12% 的比例,乘用车占据绝对主流地位,如图 8-9 所示。但值得注意的是,我国氢燃料电池汽车产业着力发展大型客车、运输车及专用车等商用车,尚无量产的乘用车,发展方向与国外存在明显不同,美国、日本、韩国和欧盟的燃料电池汽车推广以乘用车为主。

出现乘用车销量稳定、商用车销量持续减少这种现象主要有两个原因:一是对于新能源客车的财政补贴降低幅度比乘用车更大,财政补贴从 50 万降低到 30 万,降幅为 40%,并且在能耗、行驶里程等方面的补贴准入门槛提高,新能源商用车车企的积极性大大降低;二是新能源商用车由政府主导需求,需求量相比于乘用车更加稳定,销量不会持续出现大幅度提高或者降低的现象。

(四)纯电动汽车发展优势明显,氢燃料汽车处于起步阶段

2019 年,纯电动新能源车型占新能源汽车总销量的 80%;插电混动新能源车型占新能源汽车总销量的 20%;而燃料电池汽车产销分别仅占不足 1%。具体根据中国汽车工业协会的统计数据显示,纯电动型新能源汽车生产量已达到 102 万辆,较 2018 年提高 3%,销售量达到 97 万辆,较 2018 年减少 1%;混合动力新能源汽车生产量达到 22 万辆,较 2018 年减少 22%,销售量达到 23 万辆,较 2018 年减少 15%;燃料电池汽车生产量为 2 833 辆,较 2018 年提高 86%,销售量为 2 737 辆,较 2018 年提高 79%。

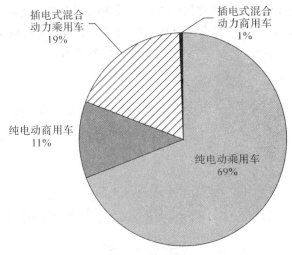

图 8-9　2019 年中国新能源汽车销量构成

我国纯电动车型比插电混动车型销量更多的主要原因有三点:一是受益于我国 2012 年发布的"十二五专项规划"中确定的"纯电驱动"技术转型战略,受国家战略激励,纯电动新能源车型的产销量相比较于插电混动车型更高;二是在新能源商用车领域,对纯电动车型的财政补贴高于插电混动车型,这使得插电混动车型的厂商缺乏生产的积极性,而纯电动车型则刚好相反;三是插电混动车型的实现难度更大,因为该种车型需要同时运行燃油和电动两种技术,两种技术的结合需要很高的研发水平。

我国氢燃料汽车产销大幅落后的主要原因有以下几点。

(1)国家标准与法规体系有待完善。氢气品质、储存运输、加氢站建设等方面的质量和安全标准不足,现行的法规标准仍将氢气按照危险化学品进行管理,导致加氢站审批、建设和运营的扩大化受到制约。

(2)关键材料和核心技术尚未完全自主。国外氢燃料电池汽车已经完成了整车的技术、性能研发工作,整车性能已能接近传统汽车水平,成熟度已接近产业化阶段,如日本丰田、本田和韩国现代汽车,其中丰田 Mirai 汽车销量处于领先水平。与国际先进水平相比,我国氢燃料电池汽车在整车总体布置、动力性能、氢气消耗量等基本性能方面已差距不大,但在关键材料及技术、核心零部件、自主研发方面仍存在较大差距。如催化剂、质子膜、碳纸和空压机等对国外依赖度较大;氢品质和氢泄露等高精度检测设备以及权威检测机构欠缺;耐久性及整车集成等方面与国外相比仍有明显差距。

(3)加氢基础设施布局尚不完善。鉴于当前运营车辆较少,市场化的公共加氢站难以通过规模经济效应实现收支平衡,基础设施不足直接制约了燃料电池汽车推广应用的规模。

(4)燃料电池车辆购置和使用成本仍然较高。我国燃料电池系统的实际成本与日本等发达国家还存在差距。虽然我国多个地区结合自身产业实际开展了燃料电池车辆的示范应用,但车辆运营成本与传统燃油车辆相比不具优势。

(五)市场结构失衡、活力不足

虽然目前我国新能源汽车推广应用区域已由原有的 25 个城市拓展为 39 个城市(群),但新能源汽车产销量增长仍然主要集中在深圳、北京、广州、上海、杭州等一、二线城市和实施限牌政策的城市,一线城市和相对发达地区仍然是新能源乘用车的主要市场。如图 8-10 所示,2019 年上半年我国新能源乘用车销售量前 6 名都是实施限牌政策的城市,其中销售量最多的是深圳市,新能源汽车的销售区域基本集中在东部沿海各个省份。

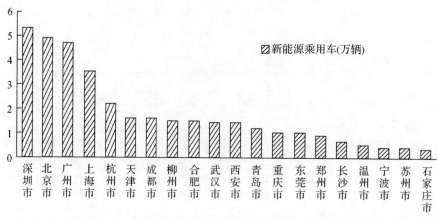

图 8-10　2019 年上半年中国部分城市新能源乘用车销量

出现这种现象的主要原因是实施限牌政策的城市对于新能源车牌的需求量更大。例如,由于北京实行严格的限牌政策,燃油车牌不能满足日益增长的购车需求,而相比之下新能源汽车上牌相对容易,因而新能源汽车成为大多数刚需消费者的理想之选。而其他城市新能源汽车的财政补贴政策扶持力度较小,消费者对新能源汽车的需求欲望较低,导致市场交易量小。

从 2017 年起新能源乘用车的销售区域出现向三线城市和未实施限牌政策城市发展的态势。2017—2019 年,我国未实施限牌政策的城市新能源乘用车销售量占总销量的比例已连续超过 50%,成为新能源汽车新的销售区域。

第二节　新能源汽车市场服务模式及配套基础设施建设

新能源汽车市场的服务模式虽然在很大程度上沿袭了传统燃油汽车的服务,但其特有的能源加注供应服务与传统燃油汽车服务存在本质不同,完善的基础设施服务网络是新能源汽车发展的核心重要前提。

一、氢燃料电池汽车加氢站发展现状

加氢站作为向氢燃料电池汽车提供氢气的基础设施,是氢燃料电池汽车产业中不可或缺的重要环节,氢燃料电池汽车产业的发展和商业化离不开加氢站等基础设施的建设。美国、日本、德国及韩国等重视发展氢能产业的发达国家,均将加氢站作为产业发展的突破口,提前规划布局加氢站的建设。加氢站是氢燃料电池汽车产业发展的基础设施。

(一)加氢站行业发展现状

全球首座商业化的氢燃料电池汽车加氢站位于德国慕尼黑国际机场,于1999年5月建成。根据H2stations.org网站公布的全球氢燃料电池汽车加氢站年度评估报告,截至2018年,全球加氢站数目达到369座,其中欧洲152座、亚洲136座、北美78座,日本、德国和美国三国合计198座,占全球总数的53.7%,显示出三国在氢能与燃料电池技术领域的领先地位。全球加氢站分布情况见表8-2。

表8-2 全球氢燃料电池汽车加氢站分布

地 区	加氢站数量/座				
	2014年	2015年	2016年	2017年	2018年
欧洲	82	95	106	139	152
亚洲	63	67	101	118	136
北美	38	50	64	68	78
其他	1	2	3	3	3
总计	184	214	274	328	369

2006年6月,我国第一座氢燃料电池汽车加氢站在北京中关村落成。相比发达国家,我国加氢站建设起步较晚但近两年增长快速。截至2020年1月已建成61座。预计2020年中国至少建成150座加氢站,其中,京津冀氢能产业会在2020年快速发展,主要是由于北京冬奥会,以及可再生能源水电解制氢会起到很好的示范作用,这也是北京冬奥会的亮点之一。预计到2030年中国将约有4 000余座加氢站(见图8-11)。

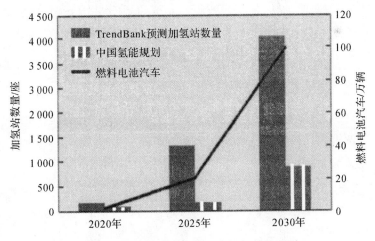

图8-11 我国燃料电池汽车及加氢站预测

(二)我国加氢站发展面临的主要问题

1.核心器件与基础材料基本依赖进口

加氢站目前还处于供应高压气态压缩氢气。主要设备有氢气储存系统、加氢机、卸气柱、氢气压缩机(目前隔膜式压缩机较多)控制系统、顺序控制盘、可燃气体探测及火焰探测装置等,其核心设备是氢气储存设施、氢气压缩机和加氢机。加氢站建设成本过高,动辄在千万元以上,设备费用占据了投资的75%以上,其中的关键设备及核心零部件全部依赖进口,且国内的设备供应商基本为进口设备配套组装,还未达到真正意义的国产化和配套设备的产业化。

2. 商业运行模式尚未成熟,燃料电池汽车未大规模推广

目前,加氢站的运行主要起到推广示范的作用,大多为固定的公交车、小型物流车等服务,且燃料电池公交车、物流车等的购买费用为普通车辆的2~3倍,主要依靠政府补贴来推动购置。另外,燃料电池所用高纯度氢气供应企业相对较少,产量供应不足,导致高纯度氢气来源局限且价格较高。

3. 监管审批等体系文件有待完善

加氢站运行介质氢气属易燃易爆气体,且压力高,加注压力为35 MPa/70 MPa,压缩机出口压力甚至达到45 MPa/90 MPa,规范严格的认证及监管是安全运营的有力保障。涉及具体安全要求、操作流程等细节还有待完善,运营中的资质要求、气源检测、安全措施等还处于发展初期,全国还未达到统一的标准。建设审批过程中的主管部门多达十几个,审批手续复杂、审批时间过长也是导致目前加氢站建设速度缓慢的原因之一。同时,受技术条件限制,目前国内建设的基本都是高压气态加氢站,而高压氢气在运输过程中压力不允许超过20 MPa,其运输效率低、运输成本高,影响企业经济效益,进而抑制了企业投资建站的积极性。

4. 规范与现实需求不符

目前加氢站主要参考的规范为 GB 50516—2010《加氢站技术规范》,内容中加氢站的等级划分、加氢和加油站、加气站,特别是 LNG 加气站等的等级划分并没有与时俱进,限制了加氢站的建设。目前该规范正在修编中,已发布了征求意见稿,增加了相关合建站和液氢站的内容,但是并没有考虑将加油、加气、加氢3种业态合建,不利于提高现有加油站、加气站的土地利用率。同时,在非中心城区和非城市建成区,也不允许建设一级合建站,从而大大降低了合建站的运营效率,增加了企业运营成本。

二、新能源汽车充电桩服务模式及现状

新能源汽车充电桩为纯电及混动汽车提供能源供应装置,新能源汽车的发展推动其充电基础设施的发展,两者相互促进。

(一)充电桩行业发展概况

据国际能源署有关统计数据显示,2019年全球新能源汽车充电桩数量保持高速增长,涨幅约为2018年的60%,为近3年最大增幅,全球累计充电桩保有量超740万台。美国新能源汽车充电设备可分为三类:交流Level1充电设施、交流Level2充电设施和直流Fast Charger充电设施。目前安装数量最多、分布面积最广的是交流Level2充电设施,其次是直流Fast Charger充电设施,主要分布于城际与洲际高速公路,为长途驾驶的电动汽车提供快速充电服务。美国政府近几年一直致力于电动汽车与电动汽车充电技术方面的研究,截至2019年8月底,全美已建成充电站25 843个,充电桩76 954个,电动汽车充电设施已基本覆盖全美。

日本作为汽车生产研发制造领域的强国,新能源汽车的推广与充电桩的建设得到了政府

的高度重视与大力推广,但由于日本土地资源稀缺,供给能源体系发展成熟具有一套完整的运营建设标准体系,私人充电桩运营商的投资、技术门槛较高,导致私人充电桩建设数量较少,大幅度提高了公共充电桩的利用率。东京电力株式会社宣称,已顺利研发出了一种大型快速充电器,极大地减少了充电时间,为日本电动汽车的大规模应用带来了更多的便利性。根据最新数据显示,日本充电桩建设数量超过 5 万台,已超过传统燃油汽车加油站的数量。英国充电服务提供商 Charge master 已在英国各地建立了相应的电动汽车充电桩,据英国交通部数据显示,英国电动汽车充电站累计建设数量已超过 27 万个。随着充电桩的高速发展及政府环保政策的推动,英国充电桩的建设与电动汽车的发展非常迅速。

我国新能源充电桩行业虽然起步较晚,但伴随着我国新能源汽车市场规模的不断扩大也取得了飞速的发展。一方面,它成功入选"国家电网公司综合能源服务业务发展 2019—2020 行动计划"的四大重点业务领域;另一方面,面对 2020 年新冠疫情的复杂严峻形势,以新能源汽车充电桩为代表的国家新型基础设施建设(以下简称"新基建")日益成为推动国家经济建设的重要力量。

(二)我国充电桩服务设施现状

目前我国纯电/混动汽车充电服务主要是以国家电网运营为主、民营企业同政府合资的充电服务。国家电网的充电服务还是以充电服务、换电服务为主流的经营模式,其中充电服务的利润更多来自于快速充电,而换电服务更多的是服务于城市公交车等。

2020 年 8 月全国规模化运营商达 25 家(充电桩保有量≥1 000 台),如图 8-12 所示。

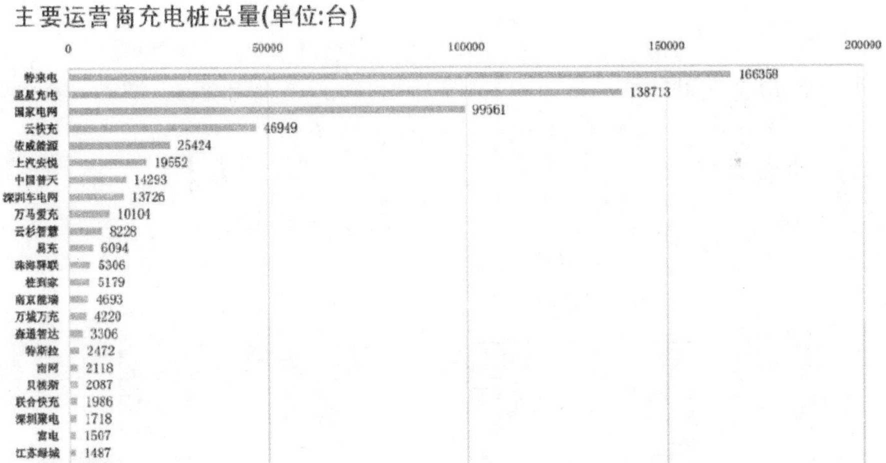

图 8-12 我国主要运营商充电桩总量

我国 8 家充电设施运营商充电桩保有量已占全国保有量的 90% 以上,成为我国充电运营服务网络的主力军。同时各地区中小运营商茁壮成长,成为我国充电运营服务网络的有力补充,但大部分中小运营商不具备自建信息平台的能力,主要委托其他主流运营商托管运营。

1. 公共充电桩保有情况

2015—2019年我国公共充电桩保有量持续保持增长（见图8-13）。2015年底，我国公共类充电设施保有量仅为57 792台，但随着近几年来我国新能源汽车行业快速发展，国家及各地方层面逐步出台充电行业扶持政策，我国公共充电桩保有量得到长足发展。2016年至今，我国公共充电桩保有量呈直线上升状态。截至2020年8月，联盟内成员单位总计上报公共类充电桩591 979台，其中交流充电桩341 423台、直流充电桩250 068台、交直流一体充电桩488台。2020年8月较2020年7月公共类充电桩增加25 731台。从2019年9月到2020年8月，月均新增公共类充电桩约11 348台，2020年8月同比增长29.9%。

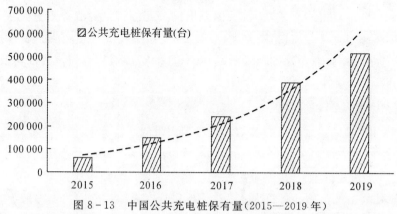

图8-13 中国公共充电桩保有量（2015—2019年）

2. 公共充电桩增量情况

2016年至2019年公共充电桩增量中（见图8-14），2016年和2017年每年新增公共充电桩数量都是9万台，2018年新增公共充电桩数量超过14万台，2019年新增数量接近13万台，2018年和2019年增幅较大。

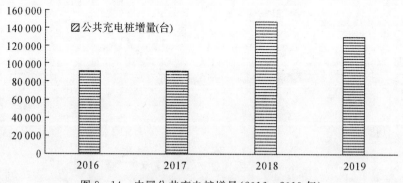

图8-14 中国公共充电桩增量（2016—2019年）

汽车与充电桩保有量配比水平也持续提高，已由2015年的7.84∶1，提高至3.12∶1，其中2016年和2017年车桩比快速上升。这主要是由于这几年充电市场逐渐成熟，车桩比也趋于合理，预计未来几年车桩比会进一步提升，大功率快充在公共充电领域必将成为主流。

（1）特大城市公共充电需求。对于北、上、广、深等特大城市，停车位资源十分紧张，家庭拥有属于自己并能够安装充电桩的停车位十分困难,车主对于公共充电需求非常迫切,有的甚至作为主要充电方式。但是,现在的充电设施充电时间偏长、用户体验差,大功率充电能够使电动汽车充电时间和燃油汽车加油时间相似,可以提高充电体验,解决用户充电焦虑。

(2)高速公路充电。随着电动汽车的普及,跨城际远行将必不可少。2017年以来,国家电网公司部分高速公路快充站已出现国庆、春节长假等时段内电动汽车充电排队的现象,而现有的充电技术无法满足今后大规模电动汽车跨城际出行对于快速补电需求,必须要建设大功率充电站。

3. 充电站保有情况

近几年来,我国充电站同样有长足发展,充电站保有量已由2015年的1 069座增加到2019年的35 849座(见图8-15),充电站点密度越来越高,电动汽车车主的充电便利性也得到了大幅改善。

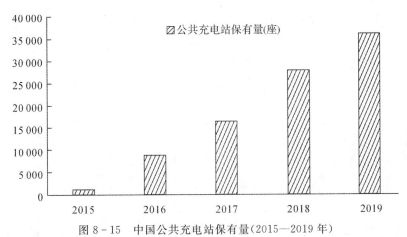

图8-15 中国公共充电站保有量(2015—2019年)

4. 充电站增量情况

2016—2019年,每年新增的充电站数量均超过7 000座,其中2018年新增站点数量达到11 531座(见图8-16)。对比分析充电桩、充电站的增加数量和增加幅度可以发现,2019年平均每个充电站的充电桩数量有所增加,一定程度上反映了充电桩的集中化管理程度在提高。

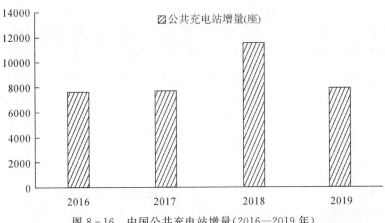

图8-16 中国公共充电站增量(2016—2019年)

(三)充电服务设施问题分析

我国在公共充电站及充电桩覆盖率等方面虽然实现了大幅度提高,但是目前充电难仍然是限制新能源汽车产业发展步伐的主要因素。截至2020年8月,国内公共充电桩数量接近60万个,私人充电桩数量接近68万个,车桩比约为3.12∶1,仍远低于《电动汽车充电基础设施发展指南(2015—2020)》规划的1∶1的指标。截至2020年8月,通过中国电动汽车充电基础设施促进联盟内成员整车企业(比亚迪、北汽、上汽、蔚来、吉利、广汽、江淮、长安、特斯拉、奇瑞、东风日产、东风电动、一汽、知豆)采样1 139 540辆车的车桩相随信息,未能配建充电桩占比仍高达30.66%,我国充电设施发展与整车市场规模仍不匹配,主要原因如下。

1. 充电桩投资回报周期长,盈利不足

我国充电桩起步较晚,充电运营商运营能力较弱,商业模式单一,未找到合适的盈利模式。目前主流的充电设施运营主体主要通过搭建运营平台为用户提供"充电服务＋增值服务",主要收入来源于服务手续费的收取,充电桩行业因其前期投入大、利润小、回报周期长、未形成品牌影响力及规模效应、缺乏创新能力、未找到有效的盈利模式,导致整个行业长期处于亏损状态。部分行业企业更是通过较低的服务价格进入市场,通过降低设备以及服务质量来获取权益,持续盈利能力较差。

2. 充电基础设施分布不均,充电桩比例失衡,利用率低

我国充电桩运营商发展初期"重数量、轻运营",导致充电桩后期运营工作阻碍了行业发展:虽然多数充电桩集中分布于市区,但初期因对运营选址的重视不足,部分充电桩布局在车流量较小位置,导致充电高峰期车主想要找到空闲的、可使用的充电桩存在较大难度,同时充电设备的平均利用率仅为5%左右。此外,我国资源分布不均,私人充电桩受小区电网负荷限制增容改建难度较大,市场监管力度不足等问题也在一定程度上制约着我国充电基础设施的进一步发展。

3. 行业标准不完善

在规模壮大、大量资本涌入市场的同时产品质量存在安全隐患,我国电源行业发展成熟,行业前中期暂未形成比较完善统一的验收与监管标准,标准化的建立晚于市场发展,导致大量前期建设的充电桩产品质量参差不齐,质量问题频出,严重危及消费者的人身安全。充电桩运营企业互联互通广度和深度不够,企业之间的利益纠纷,充电设施与充电接口、通信协议、消防安全等标准暂未统一,导致现在电池间的兼容性问题存在,严重阻碍了充电桩与新能源汽车的发展。

充电设施行业一直发挥着产业纽带作用,链接能源生态圈和出行服务生态圈。需要继续完善充电设施布局建设,支撑新能源汽车规模化推广应用;深入挖掘充电信息服务平台的互联网生态衍生价值,支撑汽车产业转型、连接能源革命;探索多产业融合生态下的商业运营模式,促进产业健康可持续发展。

第三节 新能源汽车服务创新的政策驱动力

一、从生产端补购置转向补运营服务与基础设施

在国家层面,新能源汽车是一个完整的系统工程,包括新能源汽车、充换电基础设施、车联网。截至2018年底,中央累计财政补贴662亿。据财政部披露,截至2015年底,中央财政累计安排新能源汽车补助资金334.35亿元,2016、2017、2018年分别为123.33亿元、66.41亿元、137.78亿元,截至2018年底,累计中央财政补贴661.87亿元;按照公安部披露的2018年底新能源汽车261万的保有量数据,车均补贴2.54万元。2015年至今,新能源汽车补贴政策不断退坡,国家补贴逐步开始将电池续航、能量消耗、能量密度等因素考虑在内,技术先进的新能源乘用车将获得更多的补助,见表8-3。

表8-3 2013—2018年政府补贴政策表　　　　　　　　单位:万元

车辆类型	纯电续驶里 R（工况法、里程）	2013	2014	2015	2016	2017	2018
纯电动乘用车	80≤R≤100	3.5	3.325	3.15	—	—	—
纯电动乘用车	100≤R≤150	—	—	—	2.5	2	—
	150≤R≤200	5	4.75	4.5	4.5	3.6	1.5
	200≤R≤250	5	4.75	4.5	4.5	3.6	2.4
	250≤R≤300	6	5.7	5.4	5.5	4.4	4.4
	300≤R≤400		5.7	5.4	5.5	4.4	4.5
	R≤400	6	5.7	5.4	5.5	4.4	5
插电式混合动力乘用车(含增程式)	R≤50	3.5	3.325	3.15	3	2.4	2.2
燃料电池乘用车		—	20	19	18	20	20	20

注:单车补贴金额=里程补贴标准×电池系统能量密度调整系数×车辆能耗调整系数。

2015年纯电动车的补贴门槛在不断提高,插电式混动车的补贴也呈现逐年下降的趋势;而在燃料电池乘用车方面,补贴的走势在2016年后有所回升并稳定发展。财政补贴加速退坡,坚持"扶优扶强"的资金倾向明显。

而在"十三五"规划中则要求引导地方财政补贴从补购置转向补运营,逐渐将地方财政购置转向新能源汽车的基础设施服务建设等环节。以下从加氢站和充电桩两个主要的新能源汽车服务设施的补贴政策进行分析。

(一)加氢站行业发展的政策环境

1.国家持续出台支持氢能产业发展的政策

日本、韩国、美国、德国和法国等国都从国家层面制定了氢能产业发展战略规划与线路,如

日本的《氢能基本战略》、美国的《氢能经济路线图》、欧盟的《欧洲绿色协议》中的"绿氢战略"、韩国的《氢经济发展线路图》等,持续支持氢燃料电池的研发、推进氢燃料电池试点示范以及多领域应用,已在产业链构建、氢燃料电池汽车研发方面取得优势。特别是日本,经过40多年的努力,丰田旗下的氢燃料电池汽车销量已过万台,其产能拟在两年内扩大10倍。根据国际氢能联合会发布的《氢能源未来发展趋势调研报告》预测,至2050年,氢燃料电池汽车将占全球机动车的20%～25%,创造约2.5万亿美元的市值,承担全球约18%的能源需求。

我国国家发展和改革委员会及国家能源局在2016年出台了《能源技术革命创新行动计划(2016—2030年)》,部署了有关氢能与燃料电池技术创新等的重点任务;2019年,氢能源发展首次写入政府工作报告,明确提出"推进加氢等设施建设";2020年2月11日,国家发展和改革委员会、国家能源局、教育部联合制定印发《储能技术专业学科发展行动计划(2020—2024年)》,提出了推进燃料电池、储氢等的基础理论研究;2020年4月10日,《中华人民共和国能源法(征求意见稿)》将氢能正式纳入能源定义。

党的"十九大"报告中提到"构建市场导向的绿色技术创新体系,发展绿色金融,壮大节能环保产业、清洁生产产业、清洁能源产业",为未来推进氢能发展和加氢站建设指明了方向。

2020年4月9日,国家能源局发布《关于做好可再生能源发展十四五规划工作有关事项的通知》,明确提出将氢能作为提升可再生能源在区域能源供应中的比重的重要手段。2020年4月24日,国家发展和改革委员会、科技部、工业和信息化部、财政部联合发布《关于完善新能源汽车推广应用财政补贴政策的通知》,要求用4年时间建立氢能和燃料电池汽车产业链。2020年6月22日,国家能源局印发《2020年能源工作指导意见》,文中提到支持氢能产业的规划发展,积极推荐氢能技术进步和产业发展及应用示范。

2. 地方多元化跟进政策并示范实施

2017年以来,全国各地陆续出台氢能发展相关补贴政策,燃料电池汽车是新能源汽车中唯一一种到目前享受补贴不退坡的特殊优惠政策车型。上海、浙江省和江苏省等长三角地区,广东省的珠三角地区及京津冀、海南、山东等30余个省、市出台了支持氢能产业发展的地方性政策百余项,结合产业链特点和各自的优势,提出了各自的发展重点,初步形成了长三角、珠三角、京津冀、山东半岛及中部地区等氢能产业集群和示范应用。各地氢能发展相关补贴标准和政策见表8-4。

表8-4 各地氢能发展相关补贴标准和政策

省 市	补贴标准	补贴政策
天津	《天津市氢能产业发展行动方案(2020—2022年)》 《天津港保税区氢能产业发展行动方案(2020—2022年)》 《天津港保税区关于扶持氢能产业发展若干政策》	市级财政按加氢站建设成本的30%给予补贴; 保税区对嘉兴母站、加氢站按市级补贴金额的50%给予配套补贴; 保税区对运营的加氢母站、加氢站按10元/kg标准给予补贴; 保税区对通过购买方式自行使用氢燃料电池叉车的企业,补贴标准为7 000元/kW

续表

省　市	补贴标准	补贴政策
武汉	燃料电池汽车按照中央标准1∶1进行财政补贴	2020年,氢燃料车3 000辆,加氢站5~10座,产值150亿元; 2025年,车三万辆,嘉兴站50座,产值150亿元; 2030年,全产值突破3 000亿元
苏州	到"十三五"末,氢燃料电池达到800辆,准备建成10座加氢站,产业链产值100亿元	
佛山	《关于印发佛山市南海区促进加氢站建设运营及氢能源车辆运行扶持方法(暂行)》	到2025年,推广叉车500辆,乘用车10 000辆,客车500辆; 固定式加氢站200~800万元; 氢气给予14~20元/kg的补贴; 加氢站财政给予贡献奖励
上海	1∶0.5给予本市财政补助,或按照中央财政补助1∶1给予本市财政补助	2020年,氢燃料车3 000辆,加氢站5~10座,产值150亿元; 2025年,车三万辆,嘉兴站50座,产值150亿元; 2030年,全产值突破3 000亿元
西安	就燃料电池汽车而言,不执行在现行标准基础上退坡20%的规定	
海南	地方补贴标准按中央财政的1∶0.5执行	
河南	燃料电池按国家补助标准的30%给予补助	
广东	省政补贴标准的30%用于支持氢燃料电池汽车推广	单车补贴额不超过国家单车补贴额度的100%;国家补贴+地方补贴,不超过车辆销售价格的60%
重庆	按国家标准,40%补助	乘用车补贴标准为2 400元/kW,补贴上限为8万元/辆;轻型客车、货车及大中型客车、中重型货车的补贴上限分别为12万元/辆和20万元/辆
青海	补贴标准按国家同标准1∶0.5执行	

3. 央企积极布局开发氢能产业

神华、国电投、东方电气、中国石油、中国石化、中车、中船重工等企业集团都结合自身优势,选择性进入氢能产业。通过总结,可以得出:一是大部分企业选择发展氢燃料电池;二是化石资源丰富的企业选择制氢与建造加氢站,打造产业链前段一体化体系,其中中国石油、中国石化等加油站分布广泛的企业,积极建造油氢合建站;三是设备制造企业,选择开发氢燃料电池汽车并配套开发燃料电池,打造后段一体化平台。除明确发展策略外,还从建立产学研用体制、股权激励机制以及设立产业发展基金等多方面配套保障措施。

(二)充电服务基础设施建设政策环境

为推动新能源汽车产业充电服务基础设施建设,政府出台了一系列扶持政策,财政补贴逐渐由生产端转向运营端与基础设施建设,地方逐步取消对于新能源汽车的购车补贴,地补转为电补,"以奖代补",重点推动建设充电设施和提高运营服务质量。例如,北京、广西等地区发布充电基础设施补贴奖励政策,落实国家关于新能源汽车地方补贴转向充电的要求,通过充电设施建设和运营两个维度考核并发放补贴资金;天津等地区逐步落实居民区充电桩建设要求,在完善居民区私人充电桩外,鼓励和扶持居民区公共充电场站建设;各地方政府加快充电信息监控平台的建设。调整期运营端主要扶持政策见表8-5。

表8-5 调整期新能源汽车产业运营端主要扶持政策汇总

发布时间	发布单位	政策名称	相关名称
2016年1月	财政部、科技部等	《关于"十三五"新能源汽车充电基础设施奖励政策及加强新能源汽车推广应用的通知》	补贴充电基础设施建设和运营
2016年9月	发改委、能源局等	《关于加快居民区电动汽车充电基础设施建设的通知》	探索居住区智能充电管理模式、规范私人充电桩建设办理流程、明确相关负责人全责
2017年7月	能源局、国资委等	《加快单位内部电动汽车充电基础设施建设》	规定公共机构、中央国家机关及在京央企的充电设施比例标准
2018年3月	能源局	《2018年能源工作指导意见》	提出到2020年,新增充电站及充电桩具体数量
2018年11月	发改委、国家能源局等	《提升新能源汽车充电保障能力行动计划》	引导地方财政补贴从补购置转向补运营
2020年3月	国务院	常务会议内容	免征新能源汽车购置税政策延长两年;以奖代补方式支持京津冀等重点地区淘汰部分柴油货车

2016年1月国家财政部、科技部等部委发布重要通知,文件明确指出,在"十三五"时期继续为新能源汽车充电桩、充电站等基础设施建设及运营工作调拨财政资金支持。为促进居民区充电基础设施建设,同年9月国家发展和改革委员会、工业与信息化部等部委发布重要通知,文件指出,鼓励探索居住区整体智能充电管理模式,规范私人充电桩建设办理流程,明确相关负责人权责;推进居民停车位电气化改造,以满足居民对新能源汽车配套基础设施的需求。此外,针对居民区停车位电气化改造酌情给予专项财政资金扶持。针对机构内部充电基础设施建设,2017年7月能源局等部门发布重要政策文件,文件对公共机构、在京央企等国家单位的充电设施配比提出明确要求,如在京央企充电设施配比不低于30%。

2018年3月,能源局发布《2018年能源工作指导意见》,对充电桩和充电站等配套基础设施建设设定具体目标,如到2020年分散性充电桩至少增加480万个,比对充电站和充电桩的排布结构进行优化。

二、"新基建"赋予传统充电桩行业更多"新"元素

"新基建"成为各领域企业关注的焦点。中共中央政治局常务委员会2020年3月4日召开会议,会议中明确提出要发力于科技端的基础设施建设,包括5G基建、特高压、城际高速铁路和城际轨道交通、充电桩、大数据中心、人工智能及工业互联网等七大"新基建"板块。充电桩成为"新基建"领域关键词,有了系列政策的加持给产业链上下游的企业带来新的机遇,也赋予传统充电桩行业更多"新"元素。"新基建"将引发"新"一轮提振加速。2019年末,工业与信息化部发布的《新能源汽车产业发展规划(2021—2035年)》征求意见稿指出,预计到2025年,新能源汽车销量占比达到新车销量的25%,同时要加快推动包括充换电在内的基础设施建设,全面提升互联互通水平以及利用率,鼓励创新商业模式,营造新能源汽车良好的营运环境。随着本轮"新基建"的启动为新能源汽车充电市场注入一针强心剂,进一步明确充电基础设施的产业地位。在政府层面,进一步加强对充电基础设施产业的支持力度,各省市均制定了详细的充电桩建设规划,驱动公共桩建设提质且区域均衡发展,推动政府机关、企事业单位、大专院校、园区、中央商务区等区域的充电桩建设;在产业层面,随着社会资源和资金大幅投入,各家纷纷加快投资和产业布局,充电新生态的形成将指日可待。

"新基建"将构筑多样化的"新"消费场景。由于充电桩区别于加油站的"即加即走",以及天然具备的支付终端属性决定了其还可以扩展虚拟支付场景,给丰富的车载娱乐、应用等服务提供了广阔的空间。在充电期间,依托5G等技术强大的网络性能,配合虚拟现实和增强现实技术,轻松实现VR全景直播、沉浸式游戏、购物体验、远程办公等车内娱乐需求;在商业领域,商店、快餐厅、酒店、加油站和4S店等公共场所,通过5G通信终端的部署,实现终端之间高效快捷的通信,从而可以体验快速订餐、汽车检测、汽车保养维护等增值服务,从而衍生出互联网金融、社交、电商等相关产业,未来还可以带动电动汽车的销售、保险、物流等行业的快速发展。

"新基建"将重塑充电服务行业"新"生态。"新基建"中指出新能源汽车充电桩不仅仅是传统意义上的基础设施,更多的5G、人工智能、智能网联技术、车联网等数字化技术与传统充电行业有机融合,建立完整的车联网,使之成为新能源汽车智能化、网联化的载体。在2020年1月11日举行的中国电动车百人论坛中指出,在增加充电桩的同时,还应将车辆与电网和车联网进行互通,通过科学调控,灵活地进行双向的充放电。传统的充电行业主要以链条式单向信息传递为主,企业间价值流向单一、互动性较差。随着新技术与新应用的进一步驱动,将进一步加快从传统商业模式向智能化商业模式升级,形成新的商业生态格局。通过充电时所获取的电池信息、用户使用习惯、车辆分布等多维数据,挖掘其潜在的数据价值,构建多元生态协同的商业模式。收取充电服务费作为充电桩运营商收入主要来源,盈利模式单一且增长空间有限。未来集新能源汽车充电、5G通信、照明、视频录制、信息交互等功能为一体的新型基础设施将成为趋势,通过科学规划布局,提升充电基础设施利用率的同时也大大提升了充电桩行业的盈利空间。

第四节 中国新能源汽车市场服务创新探索

一、多产业融合探索充电配套服务模式创新

民营企业在设置充电桩方面可采取合作关系,在酒店、商场和停车场等地设置,这样可以降低土地成本,其中传统车企、新能源、地产商、互联网等多行业的公司纷纷介入新能源汽车领域发展,积极探索"＋充电"模式,进一步加快与充电基础设施产业融合的步伐。

1. 地产行业＋充电模式

目前,社区普遍面临配电困难,车位困难,尤其是老旧小区,配电升级改造成本高,停车位没有预留充电桩位置,改造难度大等问题。房地产公司与电力公司签订战略合作协议,开拓充电设施建设运营业务,恒大、万科等房地产巨头借助房地产开发便利条件,布局居民区、商业区、旅游景区等充电设施网络建设,延伸房地产产业链;2019年下半年,由恒大集团与国家电网创立的新公司以社区智慧充电为切入点,开拓充电设施建设运营业务,提供"最后一公里"充电服务,试图破解充电难问题;碧桂园、万科和融创等房地产巨头借助房地产开发便利条件,布局居民区、商业区、旅游景区等充电设施网络建设,积极探索充电桩智能共享充电新模式,持续挖掘潜在充电服务价值。

2. 能源行业＋充电模式

能源领域开始逐渐向充电运营领域渗透,并探索充电站＋加油站便利店的运营模式。中石化、壳牌、BP等传统能源产业巨头纷纷开展加油站＋充电站,甚至四位一体站(加油＋加气＋加氢＋充电)的运营模式。结合多年所积累的运营经验以及较为完善的服务设施与基础设施,将加油与充电相结合,有效地减少另行开支的巨额建设成本的同时,利用其得天独厚的区位优势便捷地服务于电动汽车的使用者。

3. 互联网行业＋充电模式

目前主要采取采用轻资产运营模式,发挥互联网的生态思维,通过产业链布局解决盈利难问题。以滴滴出行为例,通过搭建的新能源充换电体系"小桔充电",发挥滴滴数十万新能源车的规模优势并通过技术和运营手段,与南网电动、万邦、特来电等充电桩运营企业以及新能源车企深度开展合作,打造遍及全国的"桩联网",增加桩用户的黏性,提高充电桩的运营效率,实现互利共赢。近期,滴滴出行携手能源企业 BP 联手成立合资公司,合力建设开发和运营新能源车充电桩站,发挥各自优势,共同完善充电网络建设。

4. 整车行业＋充电模式

为了提高新能源汽车销量,解决消费者的后顾之忧问题,整车企业主动布局建设充电基础设施。充电时可对电池进行检测并反馈给用户及车企汽车电池的数据。纯电动汽车更可以进行故障诊断,相当于充电的同时进行一次汽车诊断与检测。车企布局充电设施目前正在探索的模式主要分以下两种。

(1)自建模式。以特斯拉和蔚来为代表,特斯拉在集餐饮、酒店、办公等功能于一体的大型商业综合体、中央商务区等建筑群进行布局,打造面向自身产品用户的超级充电站。而蔚来从创立之初便坚持换电的造车架构,目前在换电站内,平均每18 s就能完成在换电站里满电出

发。电池的集中管理、高效流转、全库电池均衡使用,能系统性解决电池衰减问题,将其全生命周期的价值最大化。但车企自建充电桩运维成本高,短期内无法实现盈利,主要以建立完善的汽车售后服务体系、提升服务质量为目的。基于该现状,车企与第三方平台合作进入充电桩市场也将成为一大趋势。

(2)众筹模式。2019年7月,大众、一汽、江淮、威马等汽车与星星充电、特来电等充电运营商合作,共同建设、运营与维护充电站,降低自维成本的同时不断探索新的商业模式。

二、发挥充电服务的纽带作用,打造新能源产业生态圈的创新升级

深入挖掘充电设施发挥产业纽带作用,链接能源生态圈和出行服务生态圈。利用新一代信息通信技术,以充电桩、电动车为物联终端入口,通过数据前后融通打通产业链,通过数据纵向贯通实现多产业生态合作,提升充电信息服务平台的互联网生态衍生价值,支撑汽车产业转型、连接能源革命;最终实现车与桩、车与路、车与人、车与电网、车与能源等之间的信息交互,从而打造充电网与能源网、消费互联网"三网融合"的新能源互联网生态圈(见图8-17),促进产业健康可持续发展。

图8-17 电动新能源汽车互联网生态圈示意图

传统充电桩仅具有提供单一能源补给的功能,并且由于充电运营商商业模式单一、后期运营维护能力弱,所以会产生用户充电难、找桩难、支付难、充电桩用率低下等一系列问题,难以满足当前我国智慧城市发展的需求。充电桩系统向着智能化的方向发展是我国充电桩产业发展的必经之路。在人工智能、物联网技术、5G通信技术的结合下使得智慧充电系统不但具有能源供给功能,而且还能实现环境检测、人工远程监控、灯光照明、人机交互等人性化功能。智慧充电系统能为以客户为中心,为客户提供客服人员远程监控与维护、移动支付、智能选址等诸多便利;实现了充电运营商联网操控、服务与数据管理功能,便于大规模集中部署管理,优化人员管理分配问题,大幅度提高充电桩的使用与管理效率。

面向政府助力智慧交通,服务智慧城市建设。采用"智能充电桩+微服务+大平台"一体

化智能解决方案融入智慧城市生态。打造集新能源汽车充电、5G通信、照明、视频录制、信息交互等功能为一体的智能充电桩,如增加新能源汽车车牌智能识别系统、停车计时、互联网收费、治安监控、违章监控、设桩区域节能照明和广告推送等。通过多功能的集成与大范围布点,提供城市治安、违章监控、车辆安全监控等微服务,全面提升充电桩的综合服务功能。充分利用电池储能、微电网、电力现货交易等能源技术结合区块链前沿技术,把电动汽车、充电桩、电网和光伏电站,建立起溯源关系,真正实现新能源车新能源电,从根源上减少传统火力发电、汽车尾气,进一步缓解雾霾,改善交通拥堵等城市顽症,助力城市生态文明建设。

面向新能源用户提供全场景全价值链服务。打造丰富充电场景,提供最佳充电体验,积极探索不同充电场景的技术创新与应用。在购车场景中,联合国内多家整车企业推行"产品+服务"打捆销售方式:车企为消费者提供配套的车电服务包优惠车型,国网则为其提供坚实的基础设施支撑和技术保障,减轻了用户的后顾之忧,给用户带来了更好的服务体验;在居家场景中,持续深化与地产行业合作提供智慧充电服务切实解决充电难的问题,同时以"APP+平台"架构为基础积极探索私桩共享模式,为用户提供全生命周期"一站式"服务;在出行场景中,围绕电动汽车充电的2 h建立休闲服务生态圈,加大与各类服务行业龙头企业的深度合作,提供健身、美容、保险办理、汽车保养维护、备品备件销售等增值服务,同时构建多元化的充电和支付方式,尝试与蚂蚁金服、腾讯合作,尝试采用"信用充满"等快捷充电方式,为用户提供出更为便捷、高效的金融服务与体验。

面向行业用户打造充电网探索多赢商业模式。车桩信息互联互通是充电网的基础和关键,各方应共同打造"智慧充电"网络,推动"车、桩"交互引流和数据共享。国网应将汽车工业大数据和能源大数据等多维数据资源管理作为拓展"智能+"商业模式服务化延伸创新的重要举措。通过搭建工业互联网平台,提供基于设备物联网的功率预测、智能托管、远程故障诊断等智能化服务,开展运维资源共享、备件联储服务等共享业务,不断拓展"智能+"商业模式新业态。在充电时,平台通过获取车辆相关的数据,与出厂时的数据或者同类车的数据进行比对,对车的"健康"程度进行"远程诊断",通过视频语音交互系统,

使车主和充电桩监控中心之间实现可视双向语音连线,在线答疑;通过平台上不断积累的新能源车、电池、充电行为、用户等相关数据为整车企业、运营商企业、各类商家在建站评估、网点铺设、活动策划、商圈规划以及经营活动分析方面赋能,不断提升充电桩运营服务能力,充分挖掘充电数据的后服务市场,促进充电桩产业健康有序发展。

国网公司应积极引入整车生产企业、出行服务商、交通物流企业、互联网公司等多方产业投资合作者,充分发挥多元生态主体战略协同作用,共同挖掘电动汽车服务价值,加速构建多方参与、开放共享、互利共赢的充电产业生态圈,并不断融入消费互联网、智慧城市等生态,为客户提供全价值链的服务,以绿色能源为电动汽车保驾护航,打造智慧交通与智慧生活的美好城市。

三、坚持战略导向,加强充电设备技术研发创新,朝"质优、价廉",互联互通方向发展

对于新能源汽车配套设施建设被纳入"新基建"范围,表明国家发挥主导作用,调动各方力量鼎力支持的决心。例如,各地政府要积极支持新能源汽车核心技术的研发,打造新能源核心零部件产业园、关键零部件产业园和新能源智能化汽车综合试验场,在城市建设中全面落实和完善充电设施规划要求;综合企业在京津冀、长三角、珠三角等区域的资源优势以及企业与大

学、科研院所的合作,联合开展制氢、氢冶金,开发氢燃料电池,以及加氢站建设,掌握氢能产业链核心技术;适时开展示范工程建设各汽车企业,联合建立中国新能源技术创新中心,争取攻破关键技术的难题。

例如 2020 年 8 月 20 日,蔚来与宁德时代、湖北科投和国泰君安共同投资成立武汉蔚能电池资产有限公司,专注 BaaS(Battery as a Service,后端即服务)业务。此前蔚来为支持这支持车电分离模式的运转,已在技术方面做了大量创新,已累计拥有超过 1 200 项换电相关专利。其换电车型采用了最有利于整车可靠性的螺栓式电池快换机构,在车端则采用可靠性较高的创新式水电连接器。这种一体化设计的好处是能减轻连接器质量,可实现 3 000 次以上的插拔寿命(行驶超过 90 万千米),在实际使用中实现快速更换,3.5 s 完成插拔。为给电池提供更好的工作环境,蔚来的换电站配有电池水冷系统,整个电池运营中也有基于数据智能的电池全生命周期运营管理系统。在购买汽车时,可以不购买电池包,只根据实际使用需求租用不同容量的电池包,按月支付服务费。这种基于换电体系的车电分离模式最大的作用是降低购车门槛。对用户而言,电池租用、可充可换可升级,能快速低成本享受电池技术升级带来的红利。

通过"政府监管、行业自律、企业作为",共同促进充电基础设施品质提升。国家质检总局等中央部委非常重视充电设备的安全监管工作,地方定期进行充电桩和充电站的安全自检,有力地推动产业高品质发展的步伐。通过国家能源局的带领,在技术上实现物理接口的互通并不困难,企业之间并无利益纠纷,电动汽车生产厂家与充电桩制造商只需统一通信协议标准即可实现。中国电动汽车充电基础设施促进联盟从 2017 年开始进行互操作性测试,测试结果表明我国充电基础设施性能逐年提高,充电成功率目前已达 98% 以上,可实现各新能源汽车生产厂商、充电桩运营商之间支付方式与车桩数据信息的互联互通,可以使得消费者在一款 APP 上便可实时监测车辆的充电状态,能够有效解决用户找桩难、支付方式烦琐等一系列问题。如图 8-19 所示,随着充电设施技术的发展和规模效应,直流充电桩模块的生产成本越来越低。

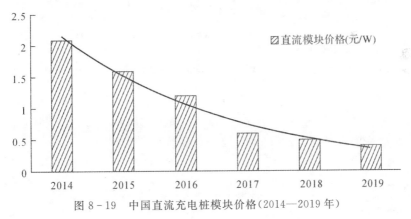

图 8-19 中国直流充电桩模块价格(2014—2019 年)

第五节 新能源汽车市场服务创新实例

创新破解城市新能源汽车充电运营难题

1. 目标问题

如何突破新能源汽车发展"最后一公里"的关键问题?

2. 核心创新

星星充电智能充电运维平台。

3. 解决方案

星星充电,专注于新能源汽车充电设备制造,为全球客户提供设备、平台、用户和数据运营服务,借助车辆销售、私人充电、公共充电、金融保险等业务打造用户充电全生命周期平台。

星星充电智能充电运维平台因此成为国内唯一一个同时获得国家工信部、国家科技部和国家能源局等三部委国家级项目立项的充电平台。截至2020年3月,星星充电桩总量达13万余根,日充电量500万千瓦·时,覆盖全国226个城市。2020年9月22日,星星充电宣布获得8.55亿元人民币A轮融资,此轮融资完成后估值约为82亿元。

图8-18 星星充电图标

4. 案例分析

星星充电项目,采用"智能充电桩+平台化运营"模式,基于高稳定性、安全可靠的充电设备,将能源传输系统、能源交易系统、能源管理系统、智能决策系统和安全预警系统合入智能运维平台,有效解决城市级充电运营的车桩比低、使用率不高等难题。

5. 创新方法

突破性创新。突破性创新主要是技术上的创新,通过技术的提高,改变产品性能,从而最终有可能颠覆行业板块。

参 考 文 献

[1] 张文福.汽车维修保养业运营模式研究[D].重庆:重庆工商大学,2012.
[2] 张辉,郑安文.中国二手车市场现状分析及发展对策[J].汽车工业研究,2012(7):10-13.
[3] 李敏.基于"互联网+"的二手车电商营销模式研究与优化[J].汽车实用技术,2019(18):282-284.
[4] 郭亚兵.我国汽车保险现状及发展对策分析[J].新商务周刊,2018(12):200.
[5] 牛会明.浅析现代汽车维修企业经营模式[J].汽车维修与保养,2005(9):56-58.
[6] 汽车金融行业最具潜力的七种模式精析[EB/OL].[s.l.]:(2017-03-28)[2019-12-20].http://www.ocn.com.cn/chanye/201703/chsvm28100642.shtml.
[7] 中企宝.互联网车险公司目前主要的运营模式及其优劣[EB/OL](2019-03-25)[2019-12-20].http://www.zhongqibao.com/news/net/3948.html.
[8] 东风财富网.2019年中国汽车租赁行业市场现状及发展前景分析[EB/OL].(2019-06-07)[2019-12-30],https://baijiahao.baidu.com/s?id=1635666620257047607&wfr=spider&for=pc.
[9] 连靖.我国汽车保险发展现状分析[J].科海故事博览·科技探索,2011(2):43.
[10] 刘仲国,何效平.汽车服务工程[M].北京:人民交通出版社,2004.
[11] 宋孟辉.汽车美容与养护[M].北京:人民邮电出版社,2009.
[12] 顾颖."新基建"浪潮下充电桩商业模式研究[J].数据通信,2020.(5):33-35.
[13] 中国电动汽车充电基础设施促进联盟.2019—2020年度中国充电基础设施发展报告[R].2020,9-10.
[14] 刘群.发展氢能产业的调研与思考[J].高科技与产业化,2020(10):59-63.
[15] 黄皓伦,张江林,庄慧敏,等.浅析新基建下我国新能源汽车充电桩发展[J].南方农机,2020(21):92-94.
[16] 徐渝峰.加氢站行业发展的机遇与问题分析[J].当代石油石化,2020,28(9):34-37,43.
[17] 汪照钜,温立达,王梦蝶,等.新能源汽车服务模式与发展[J].科技风,2020(13):39-40.
[18] 周琼芳,张全斌.我国氢燃料电池汽车加氢站建设现状与前景展望[J].中外能源,2019,(9):28-33.
[19] 彭至然.我国新能源汽车产业竞争力分析[D].北京:中共中央党校,2019.
[20] 单婧.新能源汽车产业的创新生态系统研究[D].江苏:东南大学,2019.
[21] 李妙然.中国新能源汽车产业扶持政策效应[D].北京:中国社会科学院研究生院,2020.